対馬 10
五島 1
平戸 6
平戸新田 1
長崎県
佐賀県
唐津 6
小城 7
佐賀 36
蓮池 5
大村 3
鹿島 2
三池 1
島原 7
宇土 3
熊本新田 4
熊本 54
熊本県
人吉 2
福岡県
福岡 47
柳河 12
久留米 21
秋月 5
小倉新田 1
小倉 15
清末 1
長府 5
長州 37
山口県
徳山 4
岩国 6
津和野 4
浜田 6
島根県
広島 43
広島新田 3
広島県
松江 19
広瀬 3
母里 1
鳥取県
中津 10
日出 2
杵築 3
森 1
大分県
岡 7
府内 2
臼杵 5
佐伯 2
延岡 7
宮崎県
高鍋 3
佐土原 3
飫肥 5
薩摩 77
鹿児島県
宇和島 10
吉田 3
大洲 6
新谷 1
松山 15
今治 4
小松 1
西条 3
愛媛県
高知県
土佐 24
土佐新田 1
福山 11
新見 2
松山 5
浅尾 1
岡山新田 2
岡田 1
鴨方 3
足守 3
庭瀬 2
岡山 32
岡山県
多度津 1
丸亀 5
高松 12
香川県
徳島県
徳島 26
鹿野 3
若桜 2
鳥取 33
勝山 2
津山 10
三日月 2
赤穂 2
山崎 1
龍野 5
兵庫県
豊岡 2
出石 3
柏原 2
篠山 6
三草 1
安志 1
姫路 15
三田 4
林田 1
小野 1
明石 8
岸和田 5
伯太 1
狭山 1
大阪府
紀州 56
和歌山県
田辺 4

シリーズ藩物語

伊予吉田藩

宇神幸男……著

現代書館

プロローグ

伊予吉田藩史の概要

慶長十九年（一六一四）、伊達政宗の長男秀宗《ひでむね》が将軍秀忠より伊予国宇和郡十万石を与えられ、西国の伊達宇和島藩が始まった。明暦三年（一六五七）七月、三男宗利《むねとし》の襲封に際し、秀宗は五男宗純《むねずみ》に三万石を分知することとし、家中は騒擾した。

仙台藩伊達《だて》兵部《ひょうぶ》宗勝《むねかつ》の斡旋もあって吉田藩三万石が成立したが、以後、宗利と宗純は反目対立した。寛文事件（仙台伊達騒動）で兵部は土佐藩に、嫡男宗興《むねおき》は小倉藩に配流され、宗純は宗興の妻子四人を幕府に願い出て吉田に預かった。

宗純は高禄家臣の人員整理を断行する一方、土佐牢人山田仲左衛門を召し抱えて重用した。旧来の家臣は山田を排斥すべく仙台藩に訴えたが、仙台藩は事件処理に宇和島藩を介入させた。これ以後、宇和島藩は優位を確立し、吉田藩は従属的な分家・支藩となり、宗純の吉田藩自存独立の宿願は潰えた。

宗純以後、宗保《むねやす》、村豊《むらとよ》、村信《むらのぶ》、村賢《むらやす》、村芳《むらよし》、宗翰《むねもと》、宗孝《むねみち》、宗敬《むねよし》と九代、二一四年間にわたって伊予吉田藩が続いた。

藩という公国

江戸時代、日本には千に近い独立公国があった

江戸時代。徳川将軍家の下に、全国に三百諸侯《しょこう》★の大名家があった。ほかに寺領や社領、知行所《ちぎょうしょ》★をもつ旗本領《はたもとりょう》などを加えると数え切れないほどの独立公国があった。そのうち諸侯を何々家《け》家中《かちゅう》と称していた。家中は主君を中心に家臣が忠誠を誓い、強い連帯感で結びついていた。家臣の下には足軽《あしがる》層《そう》★がおり、全体の軍事力の維持と領民の統制をしていたのである。その家中を藩と後世の史家は呼んだ。

江戸時代に何々藩と公称することはまれで、明治以降の使用が多い。それは近代からみた江戸時代の大名の領域や支配機構を総称する歴史用語として使われた。その独立公国たる藩にはそれぞれ個性的な藩風《はんぷう》と自立した政治・経済・文化があった。幕藩体制とは歴史学者伊東多三郎《いとうたさぶろう》★氏の視点だが、まさに将軍家の諸侯の統制と各藩の地方分権が巧く組み合わされていた、連邦でもない奇妙な封建的国家体制であった。

今日に生き続ける藩意識

明治維新から百四十年以上経っているのに、今

二代藩主宗保が早世し、秀宗七男刑部《ぎょうぶ》宗職《むねもと》の二男左京亮宗春（のちに村豊）が十一歳で三代藩主となった。十九歳で初めて院使★御馳走役を勤め、このときの勅使★御馳走役が赤穂藩主浅野長矩《ながのり》である。村豊の時代、毎年の風水害と幕府の公役負担により藩庫は窮迫の一途を辿った。享保十七年（一七三二）の大飢饉により藩財政は破綻した。

四代村信、五代村賢の時代を経て、寛政五年（一七九三）、六代藩主村芳の時、領内に大規模な農民騒動「武左衛門一揆」が起きた。藩は紙を専売制としたが、御用商人の利益独占と紙方役所の苛政に耐えかねた百姓約八千人が、宇和島藩に越訴《おっそ》したのである。家老安藤継明《つぐあき》は、宇和島城下の八幡河原に集結した農民の前で切腹した。

七代宗翰は文政五年（一八二二）、倹約令を出し、富裕層に借上金を命じて財政再建を図った。

八代宗孝は旗本山口直勝の子で、僻遠の吉田を嫌い、江戸に滞府して遊蕩三昧する一方、諸大名に佐幕を説いた。兄の宇和島八代藩主伊達宗城《むねなり》の仲介で朝廷に陳謝し、隠居して吉田藩はことなきを得た。明治四年（一八七一）の廃藩置県により九代宗敬をもって吉田藩は終焉した。

でも日本人に藩意識があるのはなぜだろうか。明治四年（一八七一）七月、明治新政府は廃藩置県《はいはんちけん》★を断行した。県を置いて、支配機構を変革し、今までの藩意識を改めようとしたのである。ところが、今でも、「あの人は薩摩藩の出身だ」とか、「我らは会津藩の出身だ」と言う。それは侍出身だけでなく、藩領出身も指しており、藩意識が県民意識をうわまわっているところさえある。むしろ、今でも藩対抗の意識が地方の歴史文化を動かしている。そう考えると、江戸時代に育まれた藩民意識が現代人にどのような影響を与え続けているのかを考える必要があるだろう。それは地方に住む人々の運命共同体としての藩の理性が今でも生きている証拠ではないかと思う。

藩の理性は、藩風とか、藩是《はんぜ》とか、ひいては藩主の家風ともいうべき家訓などで表されていた。

〔稲川明雄（本シリーズ『長岡藩』筆者）〕

諸侯▼江戸時代の大名。
知行所▼江戸時代の旗本が知行として与えられた土地。
足軽層▼足軽・中間・小者など。
伊東多三郎▼近世藩政史研究家。東京大学史料編纂所所長を務めた。
廃藩置県▼藩体制を解体する明治政府の政治改革。廃藩により全国は三府三〇二県となった。同年末には統廃合により三府七二県となった。

▶院使＝上皇の使者　▶勅使＝天皇の使者　▶越訴＝上級の役所に訴える

シリーズ藩物語 伊予吉田藩

目次

第五章　幕末・維新の吉田藩

放蕩大名宗孝は諸藩に佐幕を説き、側室には毒殺疑惑、吉田藩はお家騒動に。

吉田伊達家系図

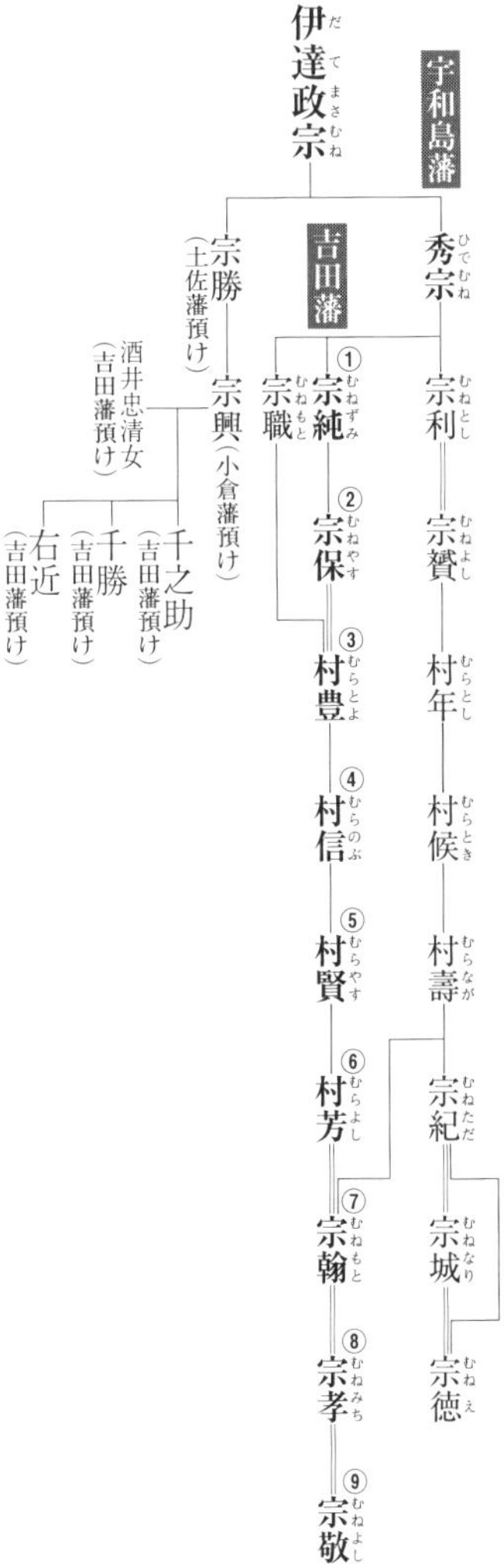

これも吉田

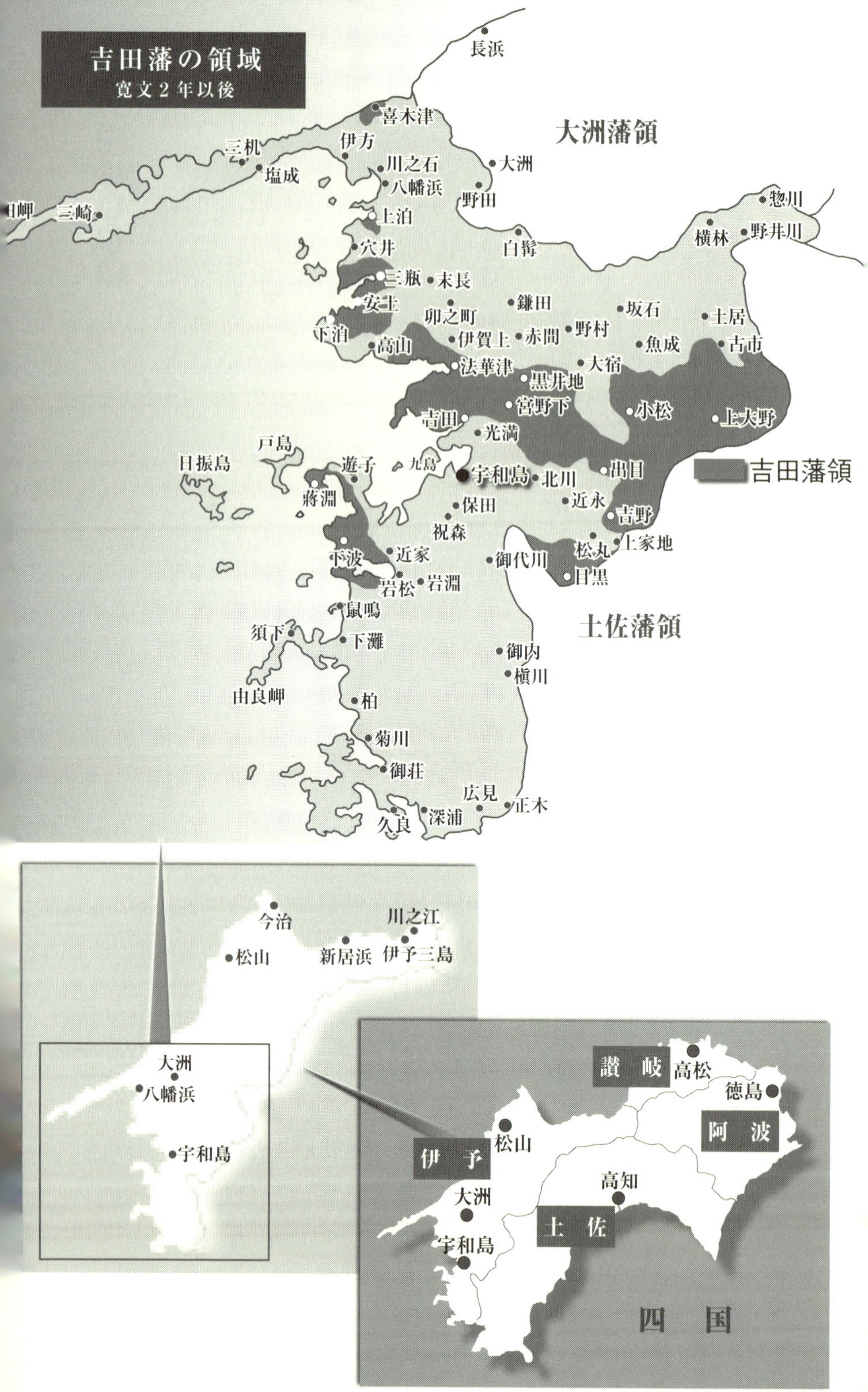
吉田藩の領域
寛文2年以後
長浜
喜木津
大洲藩領
三机
伊方
川之石
大洲
塩成
八幡浜
野田
三崎
上泊
惣川
横林
野井川
穴井
白髯
三瓶
末長
安土
鎌田
卯之町
坂石
土居
下泊
伊賀上
赤間
野村
高山
魚成
古市
法華津
大宿
黒井地
宮野下
小松
上大野
吉田
光満
戸島
日振島
遊子
九島
宇和島
北川
出目
吉田藩領
蒋淵
保田
近永
吉野
祝森
松丸
上家地
下波
近家
御代川
岩松
岩淵
目黒
鼠鳴
土佐藩領
須下
下灘
御内
槇川
由良岬
柏
菊川
御荘
広見
正木
久良
深浦
今治
川之江
松山
新居浜
伊予三島
大洲
八幡浜
宇和島
讃岐
高松
徳島
阿波
松山
伊予
高知
大洲
土佐
宇和島
四国

第一章　伊達家の入部まで

戸田勝隆、藤堂高虎、富田信高ら豊臣諸将の支配を経て伊達秀宗が新領主に。

1 戦国期の南伊予

安芸毛利氏、豊後大友氏、土佐一條氏、長宗我部氏らの侵攻で戦乱続く南伊予。長宗我部元親の支配下となった南伊予は、秀吉の四国征伐によって平定される。宇和島は秀吉の将戸田勝隆、藤堂高虎、富田信高とめまぐるしく領主が代わる。

伊予国と南伊予

古来、伊予（伊予国）は南海道★諸国の中でも気候温暖で地味もよく、摂関期★を迎えると、近江国、播磨国とならぶ受領《ずりょう》収入の高い国となり、全国有数の大国と評価される。

伊予守《いよのかみ》は垂涎《すいぜん》され、源氏の有力な武将は、代々、伊予守に就任する者が多く、源義経もその一人である。源平の合戦に戦功著しい源義経が、伊予守のポストを得たのはゆえないことではない。

愛媛県宇和島市伊吹町に「伊吹八幡神社」がある。和銅元年（七〇八）、九州宇佐八幡宮から勧請《かんじょう》され、元明天皇の和銅五年八月十五日、祭祀を始めた。社殿の前に、丈《たけ》高いイブキが二本ある。文治元年（一一八五）、伊予守に任じられた源

▼南海道
五畿七道の一つ。紀伊、淡路、阿波、讃岐、伊予、土佐の諸国が属す。

▼摂関期
平安時代、藤原氏一族が摂政や関白となって政治の実権を独占した「摂関政治」が行われた時代。

義経が社殿を寄進した際、郎党の鈴木三郎重家をして植樹させたという。

伊予国すなわち愛媛県では、県庁のある松山市を中心とする地域を中予地方、その東の地域を東予地方、南の地域を南予地方と呼んでいる。この、東・中・南予は、行政用語として、また一般用語として日常的に用いられているが、愛媛県でしか通用しない方言に過ぎない。本書では南伊予、南伊予地方という表記を適《てき》宜《ぎ》に用いることとする。

南伊予地方は、時代をはるかに遡れば、大宝元年（七〇一）の大宝律令制定まで宇和評と記され、制定後は宇《う》和《わ》郡《ごおり》★となった。貞観《じょうがん》八年（八六六）、宇和郡の北部が分割され、喜多郡となる。岐多郡、北郡の表記を経て、喜多郡の初見は延喜元年（九〇一）の『日本三代実録』である。この宇和郡と喜多郡は平成十年代の市町村大合併を経たのちも、地理的区画として南伊予地方になお現存している。

江戸（徳川）幕藩体制下、南伊予地方は明治維新まで大洲《おおず》藩六万石、新谷《にいや》藩一万石、宇和島藩十万石、吉田藩三万石の領地であった。新谷藩は大洲藩の、吉田藩は宇和島藩の支藩（分家）である。なお、藩という言葉が一般に使われるのは幕末あたりからで、書簡などにも「尊藩」「弊藩」といった用例がみられるようになるが、本書では藩、藩主、藩士、藩政などといった用語を、便宜上、時代に関係なく用いる。

伊吹八幡神社

▼宇和郡
評、郡ともに「こおり」と読んだ。

戦国期の宇和島と戸田勝隆の支配

天文十五年（一五四六）から天正十二年（一五八四）にかけて、宇和島地方（当時は板島といった）は、豊後の大友氏、土佐の一條氏、長宗我部《ちょうそかべ》氏にしばしば侵略された。宇和郡を支配する西園寺氏及び西園寺氏麾下《きか》の法華津《ほけつ》氏、土居氏、津島氏、勧修寺《かじゅうじ》氏といった国人領主《こくじんりょうしゅ》（国人《くにうど》）は、それらの外敵と敵対あるいは同盟しながら消長してきた。

天正四年、土佐一国を平定した長宗我部元親《もとちか》は本格的に四国全土の攻略を始め、同十二年秋には宇和郡を領有した。しかし、翌《あく》る十三年の夏には羽柴秀吉の将である小早川隆景《たかかげ》の軍団が伊予国府今治★に上陸し、伊予東部及び中部の諸城を落とした。伊予国守護で道後湯築《ゆづき》城主河野通直《みちなお》と河野麾下の国人領主らを屈服させ、四国全土を制圧する勢いだった長宗我部元親も、羽柴秀吉の前に屈服し、土佐一国を安堵されるにとどまった。

伊予一国は四国征伐にあたった小早川隆景の領地（伊予和気《わけ》郡二万三千石は安国寺恵瓊《えけい》領）となった。河野通直は道後湯築城を退去し、安芸《あき》★の竹原に隠棲した。西園寺氏の板島丸串《いたじまるぐし》城（のちの宇和島城）には小早川隆景の家臣持田《もちだ》右京が入城した。まもなく隆景は九州征伐に転戦し、天正十五年、九州攻めに戦功のあった

▼今治
現・愛媛県今治市。愛媛県北東部に位置する。

▼安芸
安芸国。現在の広島県西半部。

福島正則に伊予十一万石が与えられ、同じく九州攻めの戦功により戸田民部少輔《みんぶのしょう》勝隆（政信とも氏繁とも）が伊予大洲十万石（蔵入地すなわち秀吉直轄領を除いて実質七万石か）の領主となり、大洲地蔵嶽《じぞうがたけ》城（別名大津城。のちの大洲城）に入城した。

戸田は、小早川隆景によって在城を許されていた西園寺氏、御荘《みしょう》の勧修寺氏、三間《みま》の土居氏★らの諸将に退去を命じ、西園寺公広《きんひろ》は板島湾口に浮かぶ九島の願《がん》成寺《じょうじ》に逼塞した。

この年の十月、法華津播磨守秋延（前延とも）は法華津城を捨て、水軍を率いて九州に向かうが、宇和海の高山沖で海難死した。播磨守の死をもって二百年続いた法華津氏は滅亡した。十一月、多数の一揆勢が板島丸串城を包囲した。戸田の一揆鎮圧は苛烈を極め、郷土史料「清良記《せいりょうき》」★には多数が殺傷されたと記されているが、信憑性に乏しい。南伊予地方の市町村誌は、『松野町誌』を除いて、口を揃えて戸田勝隆を獰猛《どうもう》な悪大将としているが、それらはすべて「清良記」の記述に拠っている。

司馬遼太郎は紀行文『街道をゆく　南伊予・西土佐の道』で、戸田勝隆を「戦場の殺人者が血ぬれた手のまま行政者としてやってきたような観がある」「狂人に近い男」とし、一揆勢の大量虐殺、板島城下での殺人・強奪・強姦を叙述しているが、史料として疑問の多い「清良記」の潤色である。

▼土居清良
三間町の英雄であり、郷土の誇りである土居清良の、十三代前の先祖土居太郎清行は、源義経の郎党鈴木三郎重家の遺児（幼名千代松）と伝えられる。

▼「清良記」
江戸時代初期に成立した土居清良の一代記。いわゆる軍記物であり、史料としての信憑性には疑問が多い。

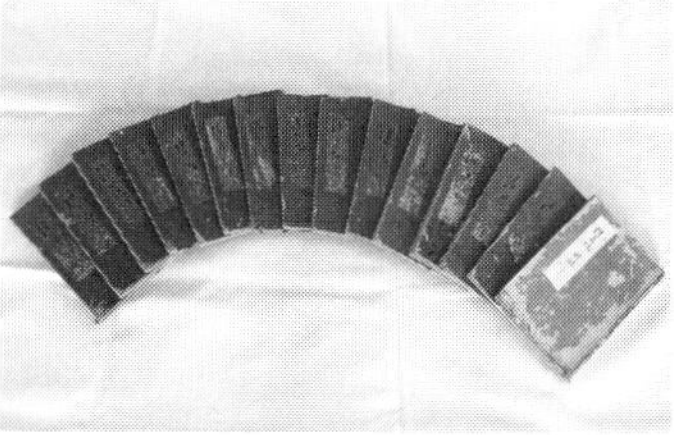
清良記15冊
（宇和島市蔵）

戸田は文禄の役（朝鮮出兵）に際し、軍勢三九〇〇人を率いて渡海した。福島正則を主将とする軍団の副将格である。文禄四年（一五九五）四月、帰国途中、巨済島で発病し、そこで死んだ。戸田勝隆の後、藤堂和泉守高虎が宇和郡七万石の領主となり、併せて宇和・喜多・浮穴《うけな》郡の蔵入地の代官となった。

藤堂高虎と富田信高の宇和島支配

慶長元年（一五九六）、湾に突き出た標高八〇メートルの陸繫島《りくけいとう》★に築かれた板島丸串城を、藤堂高虎は本城と定め、板島城の本格的な築城工事を始める。二つの河川、神田《じんでん》川と辰野川を外堀にするための付け替え工事にも着手した。六年間を費やし、二辺を海に面し、三辺に堀をめぐらせた不等辺五角形の城郭を完成した。寛永四年（一六二七）、徳川幕府の密偵★が城の目視図面を書くが、四角形に見誤っている。

慶長四年十月十八日、高虎の父白雲（白雲斎）が板島で没した。翌年、高虎は関ヶ原合戦の戦功によって加増され、伊予半国二十万石の領主となった。高

▼陸繫島
島が砂洲（さす）などの理由により、陸や大きな島とつながったもの。

▼密偵
寛永四年、幕府隠密が四国七城（徳島、高松、今治、松山、大洲、宇和島、高知）を偵察して報告した。「幕府探索書」（原本は散佚）による。

「宇和島城下絵図」（承応３年頃）
（伊予史談会蔵）

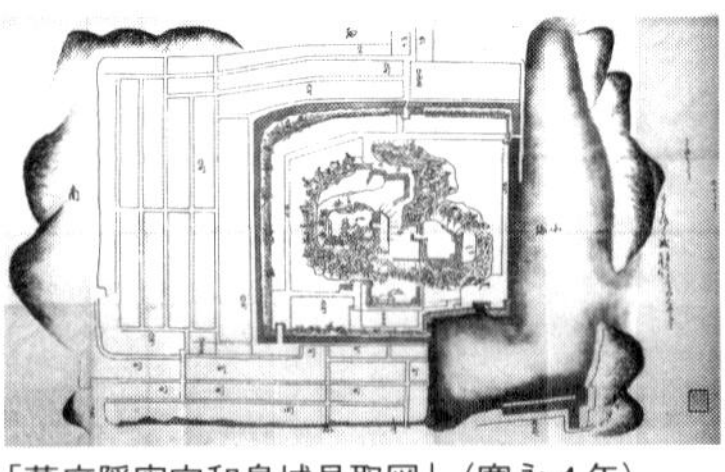
「幕府隠密宇和島城見取図」（寛永４年）
（伊予史談会蔵）

虎は伊予国府の今治に転出し、板島城には従弟の新七郎良勝を城代に置いた。

慶長十三年九月十五日、伊勢安濃津《あのつ》五万石城主の富田信濃守信高が、将軍秀忠から宇和郡十万一千九百石を与えられ、板島城主となった。富田氏の本貫地は近江国浅井《あざい》郡富田荘といわれる。富田信高の父、富田左近将監《さこんしょうげん》知信（富田一白とも）は天正の初年、長浜城主羽柴秀吉に仕官し、近江衆の一人として重用された。小牧・長久手の合戦では織田信雄《のぶかつ》との和平交渉にあたり、名馬星崎を拝領した。秀吉の妹の徳川家康への輿《こし》入れに際しては、浜松城に赴いて縁談をまとめた。小田原征伐で降服勧告にあたったのも富田知信である。茶人としても知られていた。

文禄五年（一五九六）七月十五日、知信（一白）に三万石、信高に二万石が与えられ、富田氏は伊勢安濃津城主となる。安濃津は現在の三重県津市周辺で、古くから安濃川の河口に開けた海陸の要路であった。伊勢平氏発祥の地でもある。徳川への抑えという意味でも重要な軍事拠点だった。

豊臣秀吉の、教科書などでなじみ深い画像がある。織田信長から「猿」、「はげねずみ」などと呼ばれた異相を髣髴《ほうふつ》とさせる貴重なこの画は、秀吉薨去《こうきょ》後、知信が旧主を偲んで狩野派の絵師に描かせたものである。

知信は関ヶ原合戦の前年に死んだが、石田三成とは不仲だったようで、子の信高は東軍に味方する。家康の上杉景勝討伐に従って宇都宮（小山《おやま》）に来た信高は、西軍が安濃津城を包囲しようとしているとの報を受け、伊勢上野城主分部《わけべ》光嘉《みつよし》と

富田知信像（部分）
（金剛山大隆寺所有）

富田信高像（部分）
（金剛山大隆寺所有）

豊臣秀吉画像

信高は藤堂高虎が父の菩提寺として普請していた寺院を継承し、父知信の菩提寺として金剛山正眼院を開基した。知信が描かせた豊臣秀吉画像も正眼院に納められた。のちに宇和島五代藩主の村候が自身の菩提寺とし、金剛山大隆寺と改称。秀吉画像は幕末、大隆寺から伊達家に献上された。
（宇和島伊達文化保存会蔵）

共に急ぎ帰国する。
包囲軍は吉川《きっかわ》広家、長束《なつか》正家、長宗我部盛親らの諸将に加え、安濃津近辺の諸豪族が加わった三万余の大軍。城を守るのは弟の富田主殿《とのも》以下二十余の将兵、帰城したばかりの信高と分部光嘉の兵、これに伊勢松坂城主古田重勝の援兵五〇を加えた総勢一七〇〇人ばかり。

西軍の猛攻撃に分部光嘉が負傷し、もはやこれまでと信高が討ち死にを覚悟した時、どこからか美しい若武者があらわれ、片鎌の槍をふるって一人また一人と敵兵を斃《たお》す。富田の家中にこのような遣《つか》い手はいないので、不審に思った信高が「何者ぞ」と誰何《すいか》すると、若武者が半月の前立の兜を脱ぐ、長い豪奢《ごうしゃ》な黒髪が鎧の袖までこぼれ落ちた。信高の妻である。富田夫人は毛利秀元の家臣中川清左衛門という大剛《だいごう》の者を突き殺したほか、五、六人ほども突き伏せ、夫と共に本丸に引き揚げた。

この籠城戦で、富田信高は降服勧告を容れ、いったんは高野山に入ったが、東軍勝利により、徳川家康から二万石を加増された。以後、信高は戦災で疲弊した安濃津の復興にあたるが、慶長十三年九月十五日、伊賀・伊勢二十二万石の領主となった藤堂高虎と入れ替わるようなかたちで、伊予板島領を襲封★する。

富田主従は瀬戸内海の海路を辿って板島に向かうが、豊後水道へ南下するにあたって、九州に向かって象の鼻のように突き出た全長五〇キロほどの、細長い佐

金剛山大隆寺（宇和島市宇和津町）

月岡芳年描く富田信高夫人「教導立志基三十一　富田信高」

▼襲封
宇和島藩の前身を板島藩とし、初代板島藩主を戸田勝隆、二代藩主を藤堂高虎、三代藩主を富田信高とする歴史書もある。

田岬半島がある。御鼻《おはな》（御端）と呼ばれる岬の突端部は航海上の難所で、対岸の大分県佐賀関までわずか一三キロの豊予海峡は、潮流最大時五・五ノット、潮の流れの速いことから古来「速吸瀬戸《はやすいのせと》」と呼ばれてきた。富田信高はこの細長い半島の最も細くくびれた部分、三机《みつくえ》・塩成《しおなし》間約八〇〇メートルを掘削《くっさく》して堀切《ほりきり》（運河）をつくることを思いついた。運河ができると、海運の利便は著しく向上する。慶長十八年に信高が改易になったため、工事は三年余りで途絶した。

富田氏改易の事情は複雑である。女武者で勇名を馳せた信高夫人は浮田《うきた》安心入道忠家の女《むすめ》である。忠家の長男直盛は、宇喜多秀家の従兄弟にあたり、秀家の代に宇喜多の重臣となるが、慶長四年一月、秀家と不仲となって主家を去り、前田玄以の斡旋《あっせん》で家康に仕える。信高夫人（名は伝わっていない）はこの直盛の姉とも妹ともいわれる。したがって、信高は直盛にとって姉婿もしくは妹婿にあたる。直盛は関ヶ原合戦で軍功をあげ、石見国津和野城主（三万石）に封じられ、姓を坂崎に改めた。

事件は、坂崎直盛の甥（信高夫人にも甥）の浮田左門という者が、家中で人を斬って逐電《ちくでん》したことに始まる。直盛にはお気に入りの美童（寵童）がいたが、美童と浮田左門が密通したので、直盛は家臣に命じて美童を斬らせた。左門は美童を斬った家臣を討ち、出奔《しゅっぽん》した。直盛は、たとえ甥であれ、探し出して成敗すると躍起になる。

「堀切大橋」
掘削されてV字形の谷になった部分には、現在、国道197号線堀切大橋が架けられている。

左門は叔母（伯母）の信高夫人をたよって安濃津城下に流浪《るろう》し、富田信高は左門を保護した。これを知った直盛が、左門を差し出せと信高に迫った。出奔して行方知らずである、と信高が返答したので、直盛は激昂し、信高と刺し違える覚悟で安濃津城に押しかけた。信高は伏見に出仕して不在だったので、直盛は伏見で信高と一戦に及ぼうとするが、諫言《かんげん》する者があり、家康に訴えることにした。慶長十年六月のことである。将軍秀忠に相談せよ、と大御所家康が相手にしなかったので、直盛は江戸に出向いて秀忠に訴えたが、証拠不十分として却下された。

左門は堀切工事中の三机に立ち寄り、三机の奉行に米を無心した。不憫《ふびん》に思った信高が米百石を与えたという。左門は信高夫人の妹の嫁ぎ先である日向《ひゅうが》国延岡《のべおか》城主高橋元種《もとたね》の許《もと》に身を寄せた。夫人は毎年、左門に米三百石を送るが、これが思わぬ結果を招く。

左門が津和野を出奔した時、篠原某という侍が左門に同行していた。篠原は流浪生活に倦み果て、信高夫人が左門に書き送った書状を盗み、これを手土産に直盛に帰参を願った。直盛はこの書状を動かぬ証拠として、再度、幕府に訴えた。

慶長十八年十月八日、家康と秀忠の前で、直盛と信高は対決した。高橋元種も同席していたと思われる。左門隠匿《いんとく》に関しては信高も元種も反論の余地がなかった。信高は奥羽磐城《いわき》城主鳥居忠政に、元種も陸奥《むつ》棚倉領主立花宗茂（のちに柳河藩主）にお預けとなった。信高は伊予板島に帰国することなく奥羽に流され、浮田左門は入牢して獄死したとも、斬殺されたともいう。

坂崎直盛（成正、成政とも）は、千姫救出★で有名な坂崎出羽守である。

富田氏改易の理由を、堀切工事を幕府に咎められたとする史料もあるが、前述したように富田氏改易は坂崎出羽守の訴訟に敗れた結果である。しかし、それも表向きの理由に過ぎず、実は大久保長安事件に連座しての処罰であったという。

大久保長安事件は本多正信・正純父子が仕掛けた徳川家重臣の派閥抗争で、金山・銀山奉行であった大久保長安の不正疑惑をめぐり、長安の死の直後の慶長十八年四月から翌年秋にかけて起きた疑獄・粛清《しゅくせい》事件である。大久保長安は家康に疎《うと》まれた松平忠輝（家康六男）の家老で、忠輝夫人は伊達政宗の長女五郎八《いろは》姫である。長安には政宗か忠輝を将軍に据えたい野心があったともいわれる。

諸国の切支丹勢力を糾合《きゅうごう》★し、はてはスペイン無敵艦隊を援軍とする伊達政宗の倒幕計画（虚実不明）や、豊家殲滅《せんめつ》前夜の諸大名の動向もあいまって、大久保事件は徳川政権確立前夜の大疑獄事件であった。慶長十九年七月二十七日、富田知信の五男で下野《しもつけ》国佐野三万九千石領主佐野信吉が、事件に連座して信濃国松本藩に配流となった。富田信高、高橋元種、佐野信吉、いずれも大久保長安の築いた縁戚関係につらなる大名であった。

宇和郡は幕府直轄領となり、板島丸串城には代官として再び藤堂良勝（高虎の従弟）が入城した。

▼千姫
徳川秀忠と江（ごう）の子。秀頼の従兄妹にあたり、淀殿は伯母。信長の妹お市の血を引き、美貌であった。家康にとっては孫。大坂城から千姫を助け出した者には褒美として千姫を与える、との家康の命に、坂崎出羽守は火中から無事に姫を救い出したが、顔に火傷（やけど）を負ってしまった。その醜い顔を千姫に嫌われ……というのは俗伝にすぎない。

▼糾合
忠輝と五郎八は切支丹といわれる。

信高夫人画像（部分）（宇和島市・立正寺蔵）

②西国の伊達始まる

伊達政宗の長男兵五郎は太閤秀吉の猶子★となり、豊臣秀宗となって秀頼に仕える。大坂冬の陣の直後、秀宗は将軍家から宇和郡十万石を拝領、西国の伊達が始まる。家老山家清兵衛を上意討ちした秀宗は政宗に勘当され、宇和島藩はお家騒動に。

▼猶子
養子。

伊達政宗と長子・兵五郎

伊達政宗は天正七年（一五七九）冬、十三歳で三春城主田村清顕《きよあき》の娘の愛姫《めご》十一歳と結婚した。天正十二年十月には父輝宗《てるむね》から家督を譲られる。天正十四年十月八日、二本松城主畠山義継《はたけやまよしつぐ》の謀略によって輝宗を失い、父の弔い合戦では、畠山に味方する佐竹・蘆名《あしな》の強力な連合軍を撃破し、以後、怒濤の勢いで領土を拡大した。

天正十五年十二月、関白秀吉は惣無事令《そうぶじ》（関東、東北の諸大名への私戦禁止令）を発令するが、政宗は侵略戦争を続け、天正十七年には宿敵の蘆名氏を滅ぼし、奥羽に百五十万石という大領国を築いた。この頃、富田知信ら秀吉側近★が再三にわたって政宗に上洛をうながした。太閤に屈服せよという忠告であるが、政

▼秀吉側近
政宗は秀吉だけでなく秀吉の側近にも誼（よしみ）を通じていた。

宗はこれを無視し、天正十八年三月に始まる小田原征伐にも参加しなかった。六月、ようやく事態を深刻とみた政宗は、死装束《しにしょうぞく》で秀吉の小田原に参陣した。なんとか死をまぬかれたものの、領地は七十二万石に半減（奥州仕置）された。

秀吉の命により、政宗は蒲生氏郷《がもううじさと》と共に葛西・大崎一揆の平定にあたるが、一揆を扇動しているのは政宗である、と氏郷が秀吉に報告した。政宗は弁明のため、天正十九年二月四日、小田原遅参の二番煎じではあるが、黄金の磔柱を押し立て、死装束で入京した。花押《かおう》の鶺鴒《せきれい》の眼に針の孔《あな》、という有名な逸話はこの時のことである。政宗はまたしても秀吉に赦《ゆる》されるが、五十八万石に減封《げんぽう》の上、米沢城から岩手沢城への移転を命じられた。

天正十九年九月二十三日、政宗は岩手沢城に移り、岩出山《いわでやま》城★と改めた。九月二十五日（十二月説もある）、奥州柴田郡の村田民部宗殖《むねふゆ》の居館で、政宗にとって初めての男子兵五郎が生まれた。村田民部の屋敷で出産したのは、米沢から岩出山への移動中に産気づいたと考えられるが、この年の八月五日、秀吉の長子鶴松が夭逝《ようせつ》したので、喪中に配慮して家臣の屋敷で産ませたともいわれる。兵五郎が岩出山に迎えられるのは、翌々年のことである。

生母の出自については諸説錯雑《さくざつ》しているが、「新造の方」と呼ばれていた政宗の側室で、出羽本庄★城主六郷氏の娘である。猫御前という異名も伝えられる。龍華山等覚寺《りゅうげざんとうかくじ》（宇和島市野川）に供養塔があり、戒名は龍泉寺殿心月妙圓大禅

▼**岩出山城**
現・宮城県大崎市（旧・玉造郡岩出山町）にあった城。

▼**出羽本庄**
現・秋田県由利本庄市。

定尼、慶長十七年（一六一二）四月二十二日没と刻まれているが、慶長八年に没したとの記録（「飯坂盛衰記」）があり、これを採りたい。

兵五郎は庶子であるが、正室愛姫に男子ができないので、岩出山★では「御曹司様」と呼ばれ、伊達家の家督継承者であった。なお、愛姫は天正十八年以来、京都に在住し、豊臣の監視下にあった。

文禄三年（一五九四）、政宗は四歳の兵五郎を伴って秀吉に拝謁し、伊達家の嗣《し》子《し》である兵五郎を育ててほしいと願い出た。秀吉は喜んだ。鶴松が生きていれば同じ年頃であり、秀吉には（淀殿にも）特別の感慨があったかもしれない。兵五郎は竣工まもない伏見城で養育された。

翌年、関白秀次事件があり、秀次と懇意にしていた大名や武将も厳しく処分された。秀次と誼《よしみ》を通じていた政宗も謀叛《むほん》加担の嫌疑をかけられ、急遽上京して弁明につとめた。徳川家康のとりなし★もあって政宗は難を逃れたが、帰国を許されず、以後十四年間に及ぶ京都滞在を余儀なくされた。

文禄五年五月九日、兵五郎は秀吉の猶子《ゆうし》（養子格）として聚楽第《じゅらくてい》で元服し、秀の一字（偏諱《へんき》）を与えられて秀宗となった。従五位下侍従豊臣秀宗、ゆくゆくは豊家の大大名である。この時、秀吉から賜った白梵天の馬験《うまじるし》が、宇和島伊達家に保存されている。秀宗は大坂城に移り、秀吉二男の拾丸《ひろいまる》（秀頼）の遊び相手となった。秀頼は二歳年下である。慶長元年十二月十七日、四歳の秀頼が元服のために

新造の方供養塔。右は政宗供養塔

▼岩出山
岩出山初代領主伊達宗泰は政宗の四男で、秀宗の異母弟。戊辰戦争で岩出山領主伊達邦直は新政府軍と戦い、奮戦したが、領地を召し上げられた。邦直主従は苦難の末、現在の北海道石狩郡当別町に新天地を切り開いた。

▼徳川家康のとりなし
家康に窮地を救われた伊達政宗、最上義光、細川忠興、山内一豊らは東西決戦（関ヶ原の戦い）で東軍に味方した。

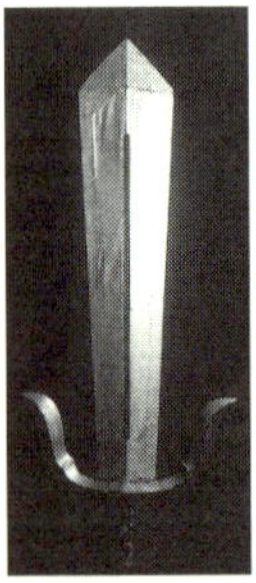
白梵天の馬験（宇和島伊達文化保存会蔵）

御所に参内《さんだい》した。六歳（満年齢五歳）の秀宗も御供をし、秀吉から拝領品があった。逸話がある。秀宗が秀頼と組み討ちの遊びをした時、秀宗は秀頼を組み敷いたが、とっさに懐紙《かいし》を取り出し、秀頼を直《じか》に踏まなかった。これを見て、淀殿はじめ居並ぶ豊臣家の人々は大いに感心し、これを伝え聞いた秀吉も、「秀頼を組み敷いたのは上に阿《おもね》ることのない豪毅な気性であり、足下に紙を敷いたのは片時も秀頼に敬意を失わない心掛けである」と賛嘆したという。これは、大正三年（一九一四）に宇和島伊達家が公刊した家記『鶴鳴餘韻《かくめいよいん》　秀宗公御事績』にある話である。秀吉に偏諱を与えられた武将は、宇喜多秀家、結城《ゆうき》秀康、徳川秀忠、小早川秀秋など多数いるが、より若い世代に属する秀宗は、幼君秀頼に直接仕えたということで珍しい武将といえよう。

秀吉の猶子から伊予国宇和郡の大名に

伊達政宗が東西決戦で徳川家康に味方したので、秀宗は石田三成によって宇喜多秀家邸に人質として留め置かれた。関ヶ原の会戦はわずか半日で徳川方の勝利に帰し、天下は徳川と豊臣の二重政権となったが、分は徳川にある。政宗は豊臣家に差し出した嗣子秀宗の扱いに窮した。

慶長七年（一六〇二）九月、十二歳の秀宗は伏見城で家康に謁見《えっけん》し、淀殿、秀

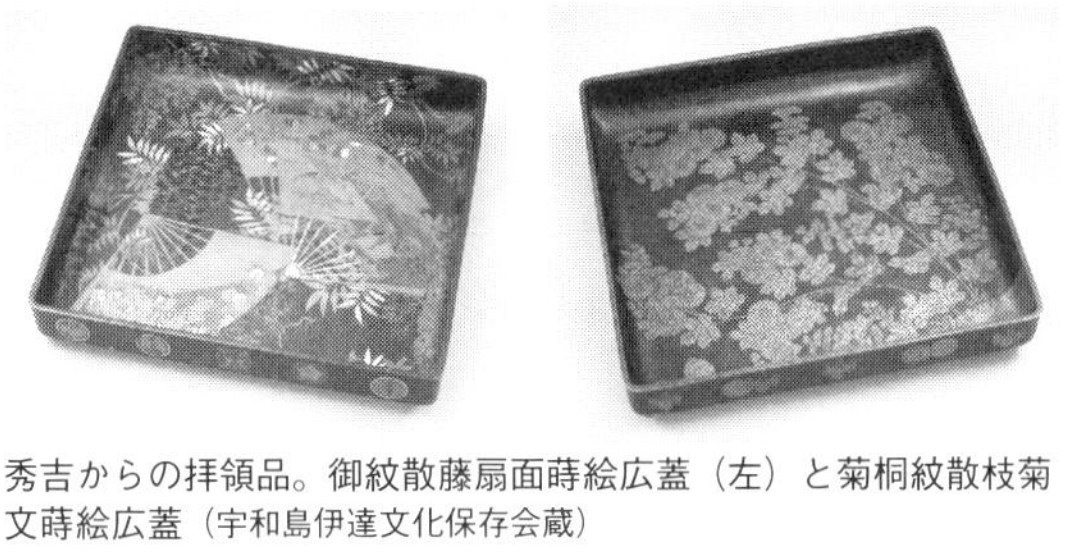

秀吉からの拝領品。御紋散藤扇面蒔絵広蓋（左）と菊桐紋散枝菊文蒔絵広蓋（宇和島伊達文化保存会蔵）

頼と別れて徳川家の人質となることが決まった。この前後のことと思われるが、秀宗は生母（新造の方）を訪ねてもよいか、政宗に手紙で訊ねている（政宗、秀宗、新造の方は京都にいた）。その返事は「折々、新蔵へ見廻る之事、苦しからず候★」ということで、母子は何度か会ったようである。翌年、新造の方が病没していることから、病気見舞いであったとも考えられるが、江戸に向かう秀宗にとって生母との今生《こんじょう》の別れであった。

八重洲河岸《やえすがし》に屋敷を賜った秀宗には大和田筑後、内ケ崎《うちがさき》美作、粟野《あわの》豊後ら一五人の侍が付けられ、この中に、のちに非業《ひごう》の死を遂《と》げる山家《やんべ》清兵衛もいた。これに、須田隼人ら二九人の近習が加わる。

政宗は慶長八年正月、正室愛姫にできた虎菊丸五歳を、伏見城の家康に拝謁させた。長く豊臣の人質であった愛姫は、虎菊丸と共に江戸屋敷に移った。母を失い、父政宗との縁もしだいに薄くなる秀宗に対し、虎菊丸は父母の許で育てられる。慶長十四年、秀宗は家康の命により彦根城主伊井直政の娘亀を妻とした。

慶長十六年十二月、虎菊丸が江戸城で元服し、将軍秀忠の一字を賜って忠宗と名乗った。この時、秀宗より八歳年少の忠宗が正式に伊達家の後継者となった。なかなか子のできなかった愛姫に男子が生まれ、順調に育ったのは政宗にとって幸運であった。慶長十九年、秀宗は大坂冬の陣に政宗と共に従軍した。この時、秀宗は二十四歳、妹五郎八姫の夫松平忠輝は二十三歳、豊臣秀頼二十二歳。いず

▼苦しからず候

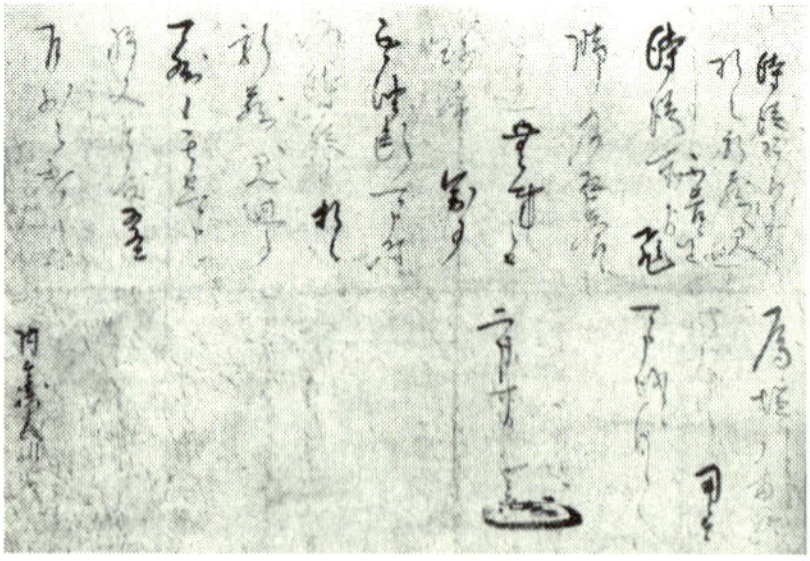

新造を新蔵と表記している。侍従（秀宗）が新造の方と会ってもよいと内ヶ崎美作へ宛てた慶長七年（か）二月二十日付の書状（個人蔵）

れも戦国最後の武将たちといえよう。

冬の陣が終わった十二月二十八日、将軍秀忠から「関ヶ原合戦以来の政宗の戦功と秀宗の忠義に酬いる」として秀宗は幕府直轄領の宇和郡を拝領した。その内容は本高十万二千百五十四石三斗八升六合、一七郷・二七三カ村というものである。秀忠は「自分以後、西国の伊達、東国の伊達と相并《あいなら》ぶべし」と賞した。

もともと政宗は、味方すれば百万石を与えるという、「百万石お墨付き」を家康から与えられていたが、東西決戦のどさくさ紛れに近隣の侵略を図ったのが露見し、家康はそれを口実として約束を反故《ほご》にした。以後、政宗は百万石お墨付きの約束履行を執拗に迫り、徳川が約束を一部履行した結果が西国の伊達十万石である。政宗としたら、いまさら十万石など笑止千万だったかもしれない。事実、これ以後も政宗は百万石お墨付きの完全履行を要求した。

外様大名弱体化策として伊達家を東西に分断したという見方がある。一方、政宗は東の伊達に万一のことがあっても西の伊達があると考えていたともいわれる。事実は、たまたま伊予板島に幕領十万石があったというところであろう。豊家殲滅戦である大坂夏の陣の前に、秀頼と兄弟のように育った秀宗を不穏《ふおん》とし、四国に遠ざけたという見方もあるが、これは穿《うが》ちすぎかもしれない。

慶長二十年（一六一五）正月、粟野豊後、小川出雲、山家清兵衛ら数十人が秀宗に先立って板島入りし、藤堂良勝から城地を受け取った。三月十八日、秀宗主

伝政宗所用の甲冑
宇和島伊達家第十代当主伊達宗陳がロンドンで発見し、購入したもの
（宇和島伊達文化保存会蔵）

従が板島丸串城に入城した。家臣団は、前述した付人と近習のほか、志賀右衛門らのいわゆる「五十七騎」がいた。家臣団には、老中（家老）として、御一門の桑折《こおり》左衛門（七千石）、侍大将桜田玄蕃（千九百石）、惣奉行山家清兵衛《やんべ》（千石）、御境目押《おんさかいめおし》★に山崎式部（千石）、江戸定御供《じょうおとも》★に神尾勘解由《かげゆ》（三百石）などがいる。

在国せよとの秀忠の命により、秀宗は大坂夏の陣には参戦しなかった。政宗が五月十一日付で秀宗に送った書状には、娘婿松平忠輝のこと、後藤又兵衛、真田左衛門佐（幸村）らを討ち取ったこと、大坂城の炎上、千姫の引き取り、秀頼と淀殿の最期などが詳述されている。かつての主君で弟ともいうべき秀頼と、育ての母ともいうべき淀殿の訃報に、秀宗はどのような感懐を抱いただろうか。

板島丸串城は、築城の名手藤堂高虎による本格的な城郭である。天守から俯瞰すると、半島が複雑に入り組み、島々が浮かぶ宇和島湾が見える。背後には一〇〇〇メートルを超える鬼ケ城《おにがじょう》連山が屏風《びょうぶ》のように切り立ち、眼下に渺渺《びょうびょう》たる城下町がある。幕末、英国艦で宇和島を表敬訪問したアーネスト・サトウは、宇和島湾上から見た城下の美しさに驚嘆するが、秀宗には板島城下はどう映っただろうか。あまりの狭隘《きょうあい》さに落胆したのではないだろうか。

▼境目押
国境警備。宇和島藩は大洲藩、土佐藩と国境を接していた。

▼江戸定御供
江戸藩邸勤務。江戸詰め。

山家清兵衛惨殺事件

宇和島城からの宇和島湾の眺め

元和三年（一六一七）、板島入りに際して政宗から借りた創業資金六万両（三万両とも）の返済をめぐって藩論が四分五裂した。親子の仲であるから踏み倒して当然、今のところは返す必要はない、長期返済でよい、といった意見もある中、山家清兵衛の献策により、政宗隠居料として毎年三万石を収めることになった。翌る元和四年、城下の北口に仙台役所が置かれ、寛永十二年まで十八年間、三万石を仙台藩に納めた。政宗は死ぬまで隠居しなかったので、実質的には政宗への分知である。

三万石分知については仙台伊達家に一片の記録も確認されていないので、事実関係を疑問視する向きもあったが、三万石を家臣から按分《あんぶん》して徴収したことを示す、山家清兵衛の押印《おういん》花押付きの文書（領収証）が現存しており、分知は紛《まぎ》れもない事実と思われる。但し、創業資金返済のためであったかどうかは判然としない。政宗としては、自分が家康と交渉して得た十万石であるから、三万石は当然の取り分であると考えていたふしがある。

政宗が手腕を見込んで抜擢した山家清兵衛公頼《きんより》は、秀宗の補佐役であると同時に監視役でもあった。秀宗の行状《ぎょうじょう》は清兵衛によって逐一報告された。秀宗の浪費を諫める政宗の手紙が残っている。

入部五年目の元和六年六月三十日（一六二〇年七月二十九日）、山家清兵衛はその屋敷において惨殺された。山家清兵衛殺害は、改易問題にまで発展した宇和島

6万両の返済をめぐって反論が割れた
（末広鉄腸著『南海の激浪』より）

藩の大事件であり、のちに清兵衛が神として祀《まつ》られるにいたる経緯を含めて「宇和島騒動」「和霊《われい》騒動」とも呼ばれる。

伝えられるところ、事件の概要はほぼ以下のようになる。

山家清兵衛によって三万石を政宗隠居料として納めることになった結果、家臣は減俸《げんぽう》され、山家排斥《はいせき》の気運が昂《たかま》った。元和六年正月、幕命による大坂城石垣の修築工事が始まり、奉行として山家清兵衛と桜田玄蕃が派遣された。藩庫は底をついていた。秀宗は工事費用は現地で調達（商人から借金）せよと命じた。工事の進捗《しんちょく》状況に関して、桜田、山家の秀宗への報告に齟齬《そご》があり、面目を失った桜田は山家に不正あり、と讒言《ざんげん》した。清兵衛は帰国し、弁明した上で謹慎した。

雨のそぼ降る深夜、桜田玄蕃一味が山家邸（現・宇和島市の丸之内和霊神社境内地）を襲撃した。清兵衛と二男・三男は斬殺され、九歳の四男美濃は井戸（丸之内和霊神社の社殿裏に今も残る）に投げ込まれて死んだ（長男喜兵衛は仙台で家名を継いでいた）。隣家の女婿塩谷内匠《たくみ》父子三人も斬り殺された。

秀宗の上意討ち

事件発生時、桜田玄蕃は大坂城修築工事に従事しており、実行犯としてはアリバイがある。また、暗殺が桜田の私怨《しえん》による謀殺であれば、喧嘩両成敗で桜田も

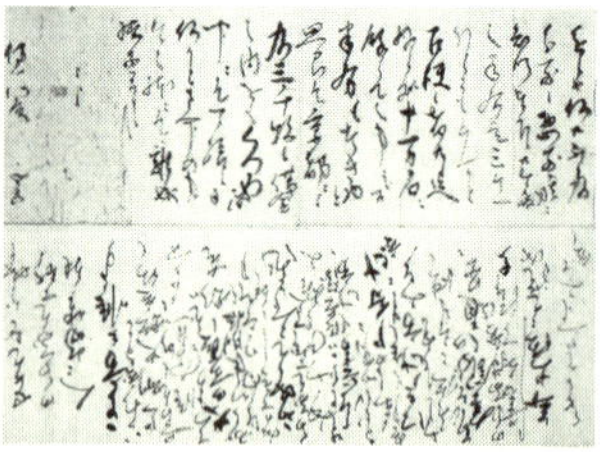

秀宗（侍従殿）を諫める政宗書翰
大名に取り立てられた秀宗が諸大名・公家らに祝儀の進物を大盤振舞いしていることを聞きつけた政宗が「何とも分別及ばず候」と怒っている。末尾に「せきれいの花押」が見える。年月日未詳（元和二年二月二十二日〜四月四日の間と推定）
（宇和島伊達文化保存会蔵）

山家清兵衛肖像（部分）
（伊達村候画）
（金剛山大隆寺蔵）

処罰は免れないところであるが、桜田家は事件後も藩の重職にあった。凶刃《きょうじん》に斃《たお》れた山家《やんべ》一統は、はじめは有志によって金剛山正眼院近くの西の谷にひっそりと祀られた。今も和霊廟《われいびょう》（お霊様《たまや》）が現存する。寛永九年（一六三二）、桂林院殿（秀宗正室亀）の三回忌法要の時、大風が吹いて金剛山正眼院の本堂の梁《はり》が落ち、桜田玄蕃が圧死した。桜田犯人（悪人）説の起源は、この金剛山正眼院での怪死と思われる。以後、事件関係者が海難・落雷などで次々に変死し、人々は清兵衛の怨霊《おんりょう》の祟《たた》りと恐れた。

比較的最近まで桜田単独犯説は宇和島地方に根強く語り継がれていた。仙台四代藩主綱村が宇和島二代藩主宗利に宛てた書状に、「かねて承っていますが、秀宗公が山家清兵衛と申す者を御成敗なさって以来、怨霊が悪いことをやっているようです。ご誕生の男子に仕合せがない（宗利男子の相次ぐ夭折）のも、祟りだとすれば困ったことです」とあり、この書状が一般に知られるようになった昭和五十年代以後、秀宗上意討ちがほぼ定説化してきている。

清兵衛の霊を慰めるため、家老神尾勘解由が小祠《しょうし》を建てて児玉《みこたま》明神としたが、慰霊の甲斐もなく、秀宗の中風発病、長男宗實《むねざね》の早世、六男の早世、台風、大地震など凶事が相次いだ。承応二年（一六五三）、秀宗は檜皮《ひわだ》の森に神社を建て、京都吉田家★の奉幣使《ほうへいし》を迎えて六月二十三・二十四日に神祇勧請し、正式に「山頼《やまより》和

丸之内和霊神社（山家邸跡）

和霊廟（宇和島市宇和津町）

浮世絵「君臣船浪宇わしま」
和霊騒動は明治六年、歌舞伎化された
（早稲田大学演劇博物館蔵）

▼吉田家
神道の権威で、堂上公家でもあった。

霊神社」とした。和霊神社は大坂、京都、江戸の藩邸にも置かれた。この年の五月二十九日、事実上の二代藩主である二男宗時が三十九歳で亡くなる。秀宗はこれも清兵衛の祟りと恐れたのかもしれない。

　享保十六年（一七三一）、山家清兵衛を追慕尊崇する五代藩主村候《むらとき》は、大規模な社殿（現・宇和島市和霊町）を造営した。町人による笠鉾屋《かさぼこや》台《たい》が寄進され、芝居興行・風流《ふりゅう》踊り★が催され、武士・町人・農民総参加の大祭が始まった。和霊神社はそれまでの祟り神から、無実を晴らす神、救世護国の神、産業振興の神として民衆に広く信仰されるようになる。流行神として和霊信仰は各地に伝播《でんぱ》した。和霊神社は西日本を中心に、独立社・境内社《けいだいしゃ》・屋敷神《やしきがみ》が一五〇社を超える。坂本龍馬の実家の屋敷神も和霊神社である。

　宇和島地方では、山家清兵衛・和霊神社・和霊大祭を一括して「和霊様」と尊称している。

和霊大祭の「走り込み」
和霊大祭は、現在も七月二十三・二十四日に開催され、往時の賑わいはないが、宇和島を代表する祭りである

政宗、激怒するも……

山頼和霊神社（宇和島市和霊町）

坂本龍馬和霊神社（高知市神田）

▼風流踊り
室町時代後期から江戸時代初期にかけて、集団で踊りを演じる風流踊りが始まった。

山家事件を知った政宗は、自分に何の届けもなく、自分が抜擢して家老に付けた清兵衛を成敗するとは、「前代未聞、是非も無き次第」（桑折景頼宛書状）と激怒する。秀宗は自分はれっきとした国持格の大名、悪者の清兵衛を成敗するのにいちいち政宗に相談する必要はない、と考えていたようであるが、怒り心頭の政宗は秀宗の弁解に耳を藉《か》さなかった。秀宗を勘当し、そればかりか、「倅《せがれ》は大虚《うつ》けなので勘当した。とうてい宇和島を治める器ではない。（自分の三万石は別として）宇和島を召し上げてほしい」

と幕府老中に改易を願い出た。前代未聞の申し出である。秀宗夫人の実兄井伊直孝が事態収拾に乗り出し、家老桑折左衛門も江戸に出府して公儀に工作した。その結果、老中土井利勝は政宗の申し出を将軍に上奏せず、内藤外記《げき》と柳生宗矩《むねのり》を政宗に派遣し、慰撫《いぶ》して事をおさめた。

勘当と改易願いは、宇和島藩取り潰しを回避するための政宗の捨て身の大芝居ともいわれる。であるならば、いかにも独眼竜政宗の面目躍如たる話ではあるが、改易願いにあたって「但し、三万石は自分のもの」と釘をさしているので、なかなかそうとも断じられない。

政宗・秀宗父子の関係修復に関しては、両者の面談があり、秀宗は積年の鬱懐《うっかい》を語ったようである。政宗も深く思うところがあり、今後は宇和島伊達家にいっさい干渉しないと約束した。勘当が解けてからの政宗・秀宗父子には平穏な関係が続いた。秀宗が手紙で和歌や漢詩の批評を乞い、政宗が添削する、いわば通信教育のようなことも行われた。この頃、「唐物小茄子茶入」と秘蔵の伽羅《きゃら》の名香「柴舟《しばふね》」が父から子へ贈られる。書状には、「(秀宗の) 所望する茶入は方々に遣ってしまった。この小茄子を遣わす。秘蔵のしば舟一包は、今時これほどのものはない」とある。政宗から贈られた唐物小茄子茶入、香木「柴舟」、いずれも宇和島伊達家の家宝として伝来している。

政宗自慢の香木「柴舟」は仙台の忠宗にも分け与えられた。「約束した伽羅を遣わす。これは稀なる逸品である。(そなたは) 人が好いので気易く他人に分けたりしないよう」という書状は残っているが、香木は現存しない。寛永十二年(一六三五) 正月、政宗は将軍家光にも柴舟の一部を切り取って献上し、直筆の礼状が届いている。この伽羅は、政宗が寛永三年九月、細川家から高価で譲り受けたといわれる。柴舟という銘は政宗によるもので、謡曲《ようきょく》「兼平」の「憂きを身に積む柴舟や　焚かぬさきより焦がるらむ」から採られた。焚かぬ前から匂う、それほどの名木であるとの意味である。

家康、秀忠、家光の三代に仕えた伊達政宗は、外様大名では別格に扱われた。政宗を敬愛する将軍家光は、しばしば政宗を茶席や酒宴に招いた。晩年、政宗が病臥《びょうが》すると、家光は医師団を派遣するばかりか、土井利勝、酒井忠勝、柳生宗矩ら幕府要人を伴って内々に見舞った。気息奄々《えんえん》の政宗は、利勝、忠勝、宗矩に

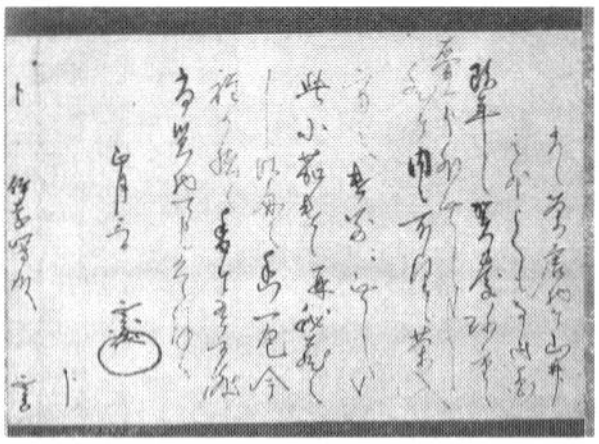

「柴舟」と茶入れを遣わす旨を記した政宗の書状。
(宇和島伊達文化保存会蔵)

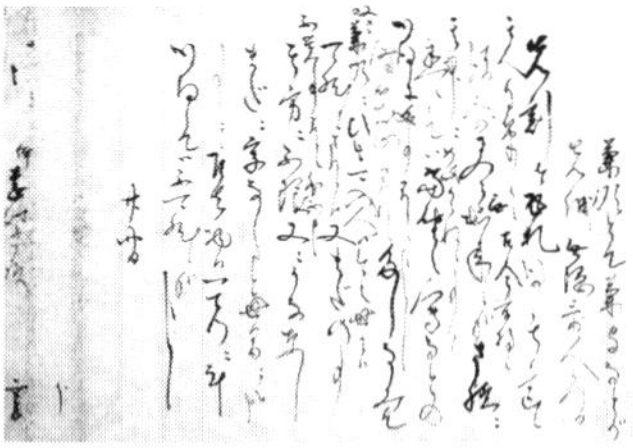

添削書状
関白秀次事件によって京都滞在を余儀なくされた政宗は、14年に及ぶ上方滞在中、最先端の文化・芸術に親しみ、戦国武将きっての教養人であった。和歌や漢詩にもすぐれていた。
(宇和島伊達文化保存会蔵)

支えられ、蹌踉《よろぼ》★うように上様御成之間に出座し、家光と対面した。この時、秀宗はためらうことなく仙台藩家督継承者忠宗の上座に着座し、家光の前で自分が政宗の長子であることを示した。

寛永十三年（一六三六）五月二十四日、伊達政宗は外桜田の屋敷で七十年の生涯を閉じた。六月二十三日、仙台の覚範寺で葬儀が営まれ、秀宗と二男宗時父子が参列した。仙台の地を初めて訪れた秀宗は、宇和島と比べてそのあまりに広大なことに驚いたにちがいない。父政宗が築いた青葉城からは遥かに太平洋が望まれる。天下がなお豊家であれば自分はこの地に君臨した、と思ったであろうか。

伊達秀宗

生年：天正十九年九月二十五日（一五九一年十一月十一日）
没年：明暦四年六月八日（一六五八年七月八日）
実父：伊達政宗
生母：新造の方（出羽国本庄城主六郷氏の娘）
正室：彦根藩初代藩主井伊直政の娘亀（亀姫）

香木「柴舟」
（宇和島伊達文化保存会蔵）

「唐物小茄子茶入」
（宇和島伊達文化保存会蔵）

▼蹌踉う
よろめく。

これも吉田

海の領主法華津氏

三万石の陣屋町吉田の北側に険阻な法華《ほけ》津《つ》峠がある。標高四三六メートルの頂上に立つと、眼下に法華津湾が俯瞰できる。はるか沖合には、朝廷に叛乱した藤原純友の海賊軍団の根拠地とされる日振島が見え、九州も遠望される。

おもしろき法華津峠の幾曲り七坂越えてわれは来にけり　吉井勇

不知火の筑紫を見むと秋晴れの法華津峠にわれは来にけり　吉井勇

法華津峠で島々見れば戸島いとしや浪の中　野口雨情

法華津峠、法華津湾にその名を残す法華津氏は、この地方の戦国時代の国人領主で、南伊予を睥睨した西園寺氏に仕えた西園寺十五将の一人である。

もともと法華津氏は、南伊予の海岸部と島嶼部を支配した海の豪族で、藤原純友海賊衆の末裔ともいうべき海賊軍団を擁していた。法華津湾に突き出た標高四三・五メートルの丘陵に法華津本城がある。三方は絶壁で、三段構えの石垣の上に城砦が築かれていた。築城は応永二十八年（一四二一）より以前と考えられている。

法華津峠から法華津湾を展望　石碑は賛美歌404番「山路越えて」の一節。1903年、松山の教育者西村清雄が宇和島での伝道の帰途、この地で「山路越えて」を作詞したことを記念して建立された。

一條兼定廟
（戸島・浄土宗龍集寺）

法華津氏は西園寺氏の被官であった清家氏がこの地に下り、以来、地名を姓としたといわれる。法華津とは文字通り「法華の津(湊)」の謂であり、この地方に多かった天台宗寺院の教義である法華経に由来する。

天文十五年（一五四六）から天正九年（一五八一）にかけて、豊後大友氏のたえまない攻撃を受けたが、数十回に及ぶといわれる来襲を法華津軍は撃退し、ときには豊後や日振島の大友軍を奇襲した。

天正二年二月、土佐中村の太守一條兼定が家臣の長宗我部元親に中村を逐われ、岳父である豊後《ぶんご》臼杵《うすき》の大友宗麟に庇護された。やがて兼定は受洗してドン・パウロとなり、天正三年の夏、反撃の旗揚げをした。この頃、法華津氏にとって長宗我部軍は最大の脅威であったので、一條・大友連合軍に援軍し、土佐に攻め入った。

法華津一族の墓所（福厳寺境内）

渡川（四万十川）の会戦は一條側の大敗。法華津播磨守は兼定を宇和島（板島）沖の戸島に保護した。播磨守は名刹福厳寺の再建、山王権現社の創建など、社寺の整備に熱心で、キリシタンを嫌っていた。それで兼定を孤島に隠棲させたとも思われるが、戸島はかつて大友軍が伊予攻略の前哨基地としていたこともあり、その関係もあるかもしれない。

　天正十二年、長宗我部軍の猛攻に西園寺公広が屈服し、南伊予は事実上、長宗我部元親の支配下に置かれた。それもつかのま、翌年、羽柴秀吉の四国征伐が始まり、長宗我部軍は小早川隆景軍に降伏した。小早川隆景は西園寺諸将に在城を許した。

　ドン・パウロ一條兼定は豊後から送られた教典を読み、信仰の日々を送っていたが、天正十三年七月一日、戸島で病没した。一條兼定の生涯を描いた小説に、大原富枝の『於雪　土佐一條家の崩壊』、田岡典夫の『かげろうの館』がある。

　天正十五年秋、戸田勝隆が宇和郡の領主となると、法華津播磨守は豊臣秀吉の九州征伐に従軍すべく法華津城を捨て、十月下旬、水軍を仕立てて九州に向かった。が、出帆まもなく高山沖で難船して死に、二百余年にわたる法華津氏の歴史は終焉した。

　……時を経ること四百二十余年、突如、法華津氏の名が浮上した。法華津寛氏、六十七歳の高齢で北京オリンピックの馬場馬術に出場するというので、大いに話題になった。東京オリンピック以来、四十四年ぶりの再出場というのも史上最長記録。

　法華津氏は四年後のロンドンオリンピックにも七十一歳の史上最高齢で出場、世界の耳目を集めた。

　法華津寛氏、法華津一族の後裔である。祖父の法華津孝治は吉田町出身で、南亜公司社長、南洋協会会長を勤めた。父の法華津孝太は奉天総領事館、ベルリン大使館勤務を経て外務省調査局長、極洋捕鯨社長・会長を歴任した。祖父の南洋協会会長もそうだが、父の極洋捕鯨社長というのが、いかにも海賊法華津氏の子孫らしい。往時、鯨は法華津湾にもしばしば現れた。法華津海賊衆は勇躍して捕鯨したことだろう。

これも吉田

道順様の神察

――ある名医の話

医師村上道順は瀬戸内海の伯方《はかた》島生まれで、元禄の初め頃、今治から吉田へ移ってきたという。恬淡として欲はなく、ただ酒だけを楽しみとしていた。快癒させると、薬礼は患者の意に任せ、請求することはなかった。また、不治と診断すると、どれほど乞われても薬を与えなかった。

往診には駕籠を用いず、畚《もっこ》で代用し、竹の棒で担わせ、畚の中で詩を吟じた。患家に着くと、まず酒と豆腐を所望し、一杯傾けるのが常だった。診察方法は脈を取るでもなく、病人の顔色を観察し、声を聴くだけであった。

道順様の小祠（大信寺）

ある年、道順は参勤に従った。東海道のとある宿場に休息したとき、宿の前を馬子が馬子唄を歌いながら通り過ぎていった。道順は、「気の毒だが、あの馬子は来年には死んでいるだろう」と独語した。藩士たちは道順の戯言であろうと思ったが、一人の藩士が宿の者に馬子の名を訊ね、記憶にとどめた。翌年の帰国の際、同じ宿に休息したとき、藩士が馬子の近況を訊ねた。馬子は早春に病死したという。一同が驚愕したのはいうまでもない。道順にはこのような例は枚挙にいとまがなく、その診察は「神察」と称された。

またある年、法華津屋三引の上方への商船の船医として乗船したことがあった。備後鞆の浦に寄港したとき、道順は朝から豆腐を肴に一升酒を飲んでいたが、船員の一人に、「正午頃、市中より訪ねてくる者がある。せっかくの酔いを醒まされてはかなわない。来たら、不在と答えなさい。明日、往診するつもりだ。残りの酒はおまえたちで飲むがいい。私は寝る」と告げた。

来訪者は往診を乞うてやまなかったが、あきらめて帰り、翌朝、迎えに来た。例のごとく、道順は豆腐と酒一升を求め、診察して曰く、「十年余りも寝たきりになっているのは、生野菜を食し過ぎた（海鼠《なまこ》中毒との異説もある）のが原因。一廻り（七日間）で治して進ぜよう。但し、私の言いつけを守ること」

道順は養生法を説き、投薬して船に戻った。一週間後、病人は快癒した。資産の許す限りの謝礼をしたいと申し出てきたが、道順は「豆腐一丁と酒一升でよい」と呵々大笑した。以後、毎年、灘酒と豆腐代金が送られてきた。

道順はひたすら酒を飲み、清貧生活を送ったが、元禄十年（一六九七）四月十九日に没した。妻子もなく、懇意にしていた大信寺の住職が埋葬した。いつしか「道順様」と崇敬され、現在も道順様の縁日には墓前に酒と豆腐が供えられる。

第二章 吉田藩の草創

三万石分知で宇和島藩はお家騒動に。初代宗純は吉田藩の独立自存を目指す。

1 吉田三万石の分知事情

三万石を五男宗純に与える……秀宗の「三万石お墨付き」に次期藩主宗利は震撼。
分知騒動に仙台藩伊達兵部が介入、宗利の抵抗も空しく吉田藩三万石が成立する。
宗純の忠臣宮崎八郎兵衛は秀宗に殉死。宗利・宗純は対立反目し、領地争いが。

三万石のお墨付き

島原の乱が始まった寛永十四年（一六三七）、伊達秀宗は脳卒中で病臥し、半身不随、言語障害となった。翌年、二男の宗時二十四歳が政務を代行した。長男の宗實《むねざね》は存命であったが、生来病弱のため、宗時が世嗣となっていた。

正保元年（一六四四）、宗實が三十三歳で病没した。慶安三年（一六五〇）、長患いとなっていた秀宗が療養を許されて一時帰国した。この頃から隣国土佐藩との国境争い★が始まった。宗時はしだいに健康を害する。

承応元年（一六五二）、秀宗三男の兵助が、仙台藩主忠宗を烏帽子親《えぼしおや》として元服した。兵助（のち宇和島藩二代藩主宗利）は秀宗の側室於小奈《おこな》の子である。於小奈は浅井《あざい》茶々（淀殿）の姪にあたるが、茶々の妹の初《はつ》、江《ごう》の子ではなく、浅井長

▼国境争い
篠山及び沖ノ島・姫島の国境をめぐる争い。篠山には森林資源、両島には良港と漁場があった。

政の側室の女《むすめ》と考えられる。

死期を悟った宗時は、母である秀宗正室亀姫の兄井伊直孝（彦根藩主）の同意を得た上で、十九歳年下の宗利に二代藩主の座を譲ることを告げた。宗利は聡明で健康であったから、まずは順当な処置である。

大名家では世嗣が相続すれば弟たちは養子に出るか、新たに知行を与えられて家臣となるのが通例である。秀宗の四男宗臣《むねしげ》は家老桑折《こおり》家に養子に入っており、七男刑部《ぎょうぶ》宗織《むねもと》は千石、九男宗則は五百石の知行を与えられて家臣に列していたが、五男宗純《むねずみ》の処遇が決まっていなかった。

宗純は通称小次郎、秀宗の側室吉井の方（於たつ）の子で、宗利より二歳年少である。於たつは京都牢人吉井喜兵衛の女《むすめ》で小早川隆景の血筋にあたり、秀宗に寵愛された。小次郎も秀宗に溺愛され、そのためか性質は驕慢《きょうまん》であったという。

親族で協議した結果、井伊直孝と仙台藩の伊達兵部宗勝（一関領主）の意見も容れ、三千石を与えて部屋住みとし、宮崎八郎兵衛ほか数名を家来に付けることで一応は話がついた。翌る承応二年五月二十九日、宗時が三十九歳で没し、二十歳の宗利は正式に世嗣となった。秀宗はまだ存命であるが、死ぬか隠居すれば宗利は二代藩主となる。

明暦元年（一六五五）七月二十一日、秀宗が隠居し、宗利が家督を継ぐことになった。この時、突如として秀宗遺言状なるものが出てきた。「宗利に家督を譲

於小奈（法池院殿）の墓所
（宇和島市、霊亀山大超寺）

桑折宗臣の墓所
（龍華山等覚寺）

宗臣は城下郊外薬師谷の奥深くに庵室青松軒を結び、青松軒と号して文芸三昧、俳句の万葉集といわれる「大海集」を編纂した。

る。但し、宗純に三万石を分知する」という内容で、この「三万石のお墨付き」（現存せず）をめぐって宇和島藩は山家事件以来の大騒動となった。

宮崎八郎兵衛が宗純をなんとかして大名にしたいとの野心を抱いたのか、宗純自身が異例の厚遇を望んだものか、あるいは両々相俟ってか、初めに分知を宗利に直接交渉して断られ、井伊直孝に助力を乞うが相手にされない。窮して一関《いちのせき》領主伊達兵部宗勝に泣きついた。

伊達兵部少輔《ひょうぶのしょう》宗勝は政宗の一〇男、秀宗の末弟である。幼少より頭脳明晰、この時、三十代半ばの知恵盛りで、仙台藩きっての実力者だった。江戸での宗勝は、兄である藩主忠宗の意向を受けて、美作守《みまさかのかみ》綱宗（のちの三代仙台藩主）の指南役として、また、幕閣や諸大名との交渉に手腕を発揮していた。「お墨付き」は吉田藩分知《ぶんち》に肩入れした兵部の入れ知恵ともいわれる。

兵部は井伊直孝を訪ねて、こう言った。

「聞くところ、小次郎は秀宗公から自筆自判の書状を遣わされているという。ついては掃部頭《かもんのかみ》殿（井伊直孝）のご意見を伺いたい」

遺言状のことは寝耳に水、井伊直孝は仰天し、宇和島の宗利に事実関係を質《ただ》した。宗利にとっても「三万石のお墨付き」は青天の霹靂《へきれき》、弟に三万石を分けて七万石大名になるなどもってのほかであるが、中風の父秀宗は言語朦朧《もうろう》で、真意を確かめることができない。

「父はかねてより長患いで身体不随、公儀への書状すら印判を用いていましたのに、一家の私事に自筆自判とは不審にたえません。また、この遺言状は真筆と思えません。もし父に三万石分知の意図があれば、私に直接申し聞かせたはずです。ご存知の通り、父は長患いで廃人同様ですから、自筆自判など不可能で、誰かが脇から手を添えて書かせたのでない限り、あり得ないことです」

宗利は遺言状を偽書《ぎしょ》であると断じ、そもそも秀宗に分知の意思があるかどうかさえ疑わしいと井伊直孝に訴えた。手紙では埒《らち》があかないので、明暦二年十二月、直孝は宗利を江戸に呼び出した。翌年正月、宗利はあわただしく宇和島を出発し、二月三日、江戸に到着した。さっそく直孝と面会し、「拝領した十万石を自分の代になって減じたとあっては面目が立ちません」と分知の意思がないことを明言した。

おりしも、江戸では大火（明暦の大火、振袖火事《ふりそでかじ》）があったばかりで、仙台藩邸にも類焼し、仙台藩主・仙台藩士らが宇和島藩邸に寄寓《きぐう》していたが、藩主忠宗が幕府の許可を得て仙台に帰国することになると、兵部は急遽、忠宗から井伊直孝宛の口上書（意見書）を取り付け、二月六日、井伊直孝と面会した。

松平陸奥守（忠宗）から井伊掃部頭（直孝）に宛てた口上書には、

「遠江守殿（秀宗）から宗純に知行三万石を与えるとの書き付けが遣わされていると聞くが、三万石はいかにも過分と思う。とりあえず一万五千石ほどとし、足らない分は銀を遣わすのがよいと思うが、あなたのお考えを兵部に伝えていただきたい」

と書かれていた。

兵部は直孝に迫った。

「兄陸奥守は一万五千石といっているが、それでは何かと後腐れが残る。お墨付きに三万石とある以上、われらもこれを無視することはできまい。掃部頭殿のお考えは如何《いかが》か？」

井伊直孝は困惑したが、強《し》いて反対する理由も見当たらない。「兵部殿にかかっては、そのほうに勝ち目はない」と宗利に分知するよう諭した。

「このままでは兄弟の争いになりますし、兵部殿が陸奥守様に何かと運動しているとあっては、内紛ということで世間への聞こえも悪く、ここは伊達家の将来を思い、宗純の申し立ての通りに三万石を遣わします」

渋々、宗利も折れた。

宮崎八郎兵衛の曾孫《そうそん》が正徳四年（一七一四）に筆録し、天明八年（一七八八）に再録された「先祖代々手扣帳《てびかえ》」（「宮崎家文書」）というものがある。分知後、五十数年後に書かれたもので、分知問題に関する貴重な史料である。お墨付きは八郎兵衛が秀宗の不自由な手に筆を持たせ、料紙をあてがい、手を添えてしたためさせた、と記されている。

宗利所用甲冑
（宇和島伊達文化保存会蔵）

何とも胡乱《うろん》な分知一件であるが、明暦三年（一六五七）七月二十一日、宗純は吉田藩三万石（二万九千九百八石）の初代藩主となった。宮崎家文書には、分知後、八郎兵衛の弟佐助が宗利に暇《いとま》を乞い、松山へ立ち退こうとするのを、宗純が吉田藩に迎えたという記述もある。

明暦四年（一六五八）六月八日、秀宗が江戸藩邸で亡くなると、家老宮崎八郎兵衛は翌九日、江戸で殉死した。宮崎家文書によれば、秀宗危篤《きとく》を聞いた井伊直孝は七日から宇和島藩邸に使者を遣わし、八郎兵衛が殉死しないよう油断なく見張らせていたが、かねて覚悟の八郎兵衛は隙をみて湯殿《ゆどの》で腹を切り、物頭勅使河原與市右衛門（與一右衛門とも）を呼び寄せて介錯させたという。

これからすると宮崎八郎兵衛には、三万石大名家の家老として権勢《けんせい》を揮《ふる》おう、という野心はなかったと思われる。同じ日、高島太郎衛門が江戸で、家老神尾勘解由が十八日に宇和島で、渡辺藤左衛門が二十三日に宇和島で、それぞれ殉死した（高島と渡辺は小禄の藩士である）。幕府が口頭で殉死の禁止を命令する六年前（「武家諸法度」に明文化されるのは十八年後）である。秀宗と殉死者は現・宇和島市野川の龍華山等覚寺に葬られた。

伊達宗利

生年：寛永十一年十二月十八日（一六三五年二月五日）

秀宗と殉死家臣の墓所（龍華山等覚寺）
秀宗の戒名、等覚寺殿前遠州大守拾遺義山常信大居士から「等覚」の二字を寺号として龍華山等覚寺という。このため宇和島では「等覚寺」と口にせず、「金剛山」と山号で呼ぶのがならわしとなり、これはいまなお続いている。

宗利墓所（龍華山等覚寺）

没年：宝永五年十二月二十一日（一七〇九年一月三十一日）
実父：伊達秀宗
生母：浅井於小奈（秀宗側室）
正室：越後高田藩初代藩主松平光長の娘稲子

吉田三万石の陣屋町

宗純が居館を定めた吉田であるが、吉田という地名のいわれには確たる史料がない。古来、一帯が葭《よし》の群生《ぐんせい》する湿田なので「葭田」と称していたが、やがて佳字《かじ》をあてて「吉田」になった、という通説がある。平安時代の百科辞書『倭名類聚抄《わみょうるいじゅうしょう》』では、伊予国は郡数一四、郷数七二であり、宇和郡は石野《いわの》、石城《いわき》、三間《みま》、立間《たちま》の四つの郷からなる。このうち三間郷と立間郷が、のちの吉田藩の主要な領地となる。

天正十六年（一五八八）八月の浅野長政の指揮による太閤検地（天正の石《こく》直し）には、今に残る立間、立間尻、靏間《つる》（現在は鶴間）、深泥《みどろ》などの村名・浦《うら》名が出てくるが、吉田というのは見あたらない。

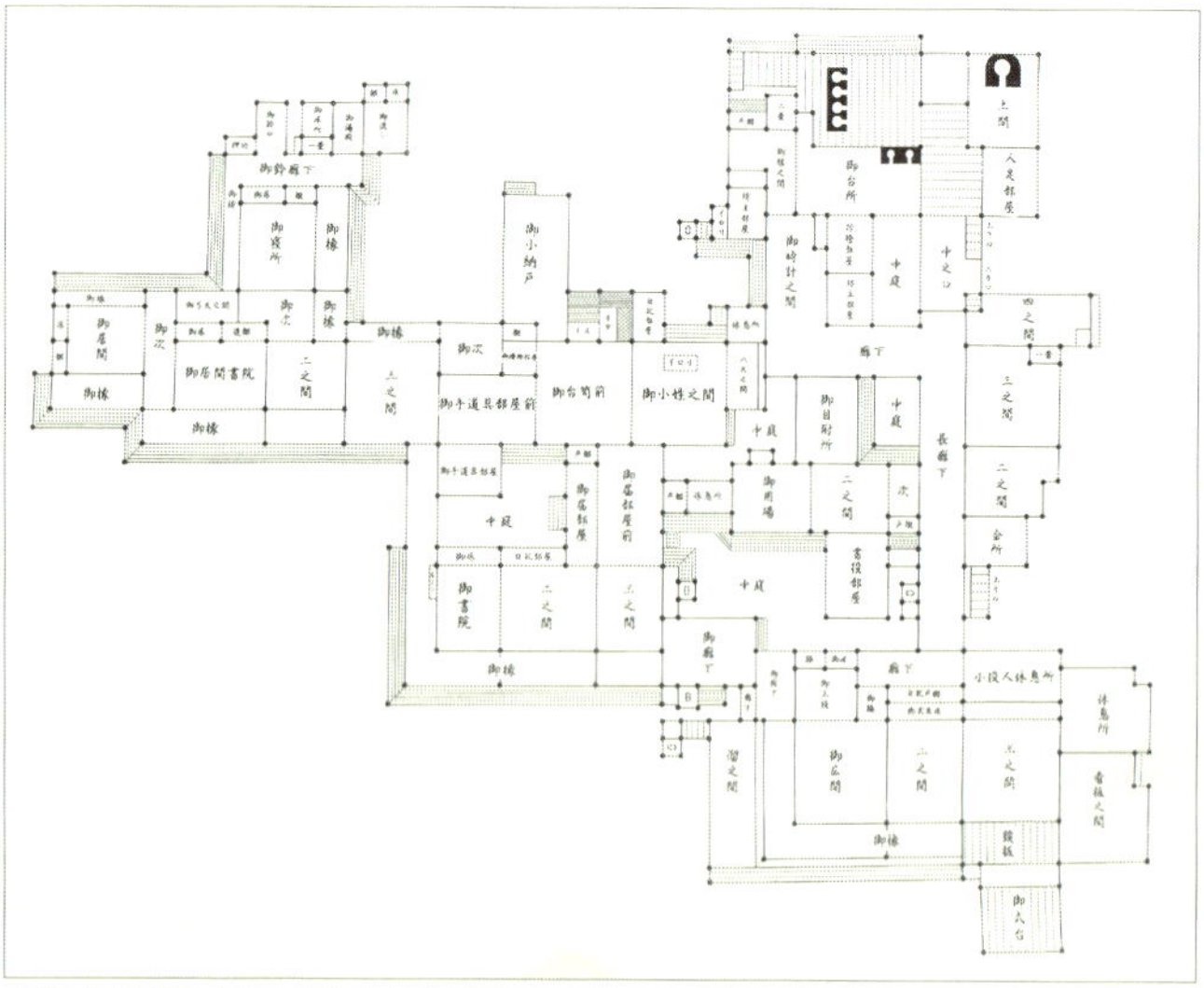

「陣屋配置図」（吉田高校建築科作図）

正保四年（一六四七）に宇和島藩が行った最初の検地（正保検地）に、「御竿高百七拾石七斗弐升八合　吉田新田分」とあり、吉田はこの頃に成立した小字《こあざ》名と考えられる。また、この時点で宇和島藩による吉田地域の新田開発が進んでいたことも窺われる。

藩政時代の吉田は「御城下」「御陣屋町」「御在館町」などと呼ばれ、書翰には「伊予国宇和郡吉田表」「予州宇和郡吉田表」「伊予国宇和郡吉田港」「予州宇和郡吉田港」と記される例が多く、「予吉田」と略記している書翰もある。

明暦四年（一六五八）一月十六日、宗純は陣屋町の建設に着手した。総奉行に国安什太夫、家中埋立奉行に田中徳右衛門・日野孫右衛門・真柳勘兵衛、町人町埋立奉行に津田十郎左衛門・玉置勘左衛門、横堀奉行に松宮吉兵衛を任命し、約九万坪の市街地造成に向けて、大規模な埋立工事が始まった。

周辺の山裾を切り崩し、突貫《とっかん》工事で埋立整地が完了すると、陣屋と家中町の建設が始まった。陣屋は尾川孫左衛門が縄張り（設計）し、書院を戸田藤右衛門、広間を甲斐織部、台所を尾田喜兵衛が、それぞれ工事の監督にあたった。家中町は寺坂権之助以下数名が担当した。工事にあたっては、米二升（一日）を給して宇和島領内からも人夫《にんぷ》を集め、建築部材は宇和島城下の鋸《おが》町★で製材して搬送した。

着工から一年半後、陣屋町はほぼ完成し、宗純と家臣は吉田への移転を開始した。数年後には家中町も完成し、町人町もしだいに繁華となる。三方を山に囲ま

戸平門跡の石組み（吉田町御殿内）

▼鋸町
製材職人の集積地。鋸屑が堆積していたのでこの町名がある。昭和四十一年の町名変更で抹消。

れ、南に吉田港が開け、陣屋・家中町・町人町を三段構えに区画した吉田陣屋町は、いわば人工の水上都市であった。

御殿山《ごてんやま》の南麓《なんろく》に位置する陣屋は、東大手口に立間川を分流して濠《ほり》とし、分流は国安《くにやす》川と名付けられた。南側に流れる河内川を整備して内苑と外苑に分け、これに交差する長堀を造成した。大手口つまり陣屋の正面には反橋が架けられ、欄干は唐銅《からがね》の擬宝珠《ぎぼし》★で荘厳《しょうごん》されていた。「吉田三万石金の擬宝珠、宇和島十万石木の擬宝珠」と謳われた擬宝珠の一基は現存する。

太鼓橋を渡って三〇メートルのところに瓦葺《かわらぶき》の長屋門があり、門から御殿玄関までは幅一間もの舗石《ほせき》が敷かれていた。瓦葺の奥御殿以外は一見質素な茅葺《かや》であるが、精選された建材が使われていた。派手好みで浪費家の秀宗に寵愛された宗純のことである。さだめし豪華な御殿であったと想像される。

御殿の施設については、『吉田町誌（上巻）』に詳しい記述があり、間取図も掲出されているが、現在地にはわずかに石組みの名残があるばかりで、往時の姿を想像するのは困難★である。

なお、立藩時の吉田陣屋町の家数、人口は不明であるが、文化五年（一八〇八）、戸数二四三軒、人口一四三八人という記録がある。宇和島城下は六二四軒、三四二七人である。吉田陣屋町は一軒あたりの住人五・九人で、松山藩、大洲藩、今治藩と比べても多く、町人町が繁栄していたことが窺える。

▼擬宝珠
寛文年間に禁裏造営普請を勤めたときの褒賞として使用を許されたという。

▼大正二年（一九一三）刊行の『立間尻村誌』には、「御殿前ノ橋及南方ノ堀ノ跡等今尚歴然タルモノアリ」とある。吉田町は太平洋戦争の空襲をほぼ免れたが、現在、陣屋町の面影をとどめないのは、戦後の市街地開発によるものである。

分知時の吉田藩

吉田藩の領内支配は、開藩時点では五組八五カ村（二一は浦方）で、代官を六名配置していたが、延宝五年（一六七七）には二組八九カ村、代官二名となっている。貞享元年（一六八四）の将軍綱吉の領地朱印状には八一カ村と記されている。

なお、寛文四年（一六六四）の将軍家綱による「寛文朱印改《あらため》」では朱印状が交付されていない。宇和島藩と吉田藩、すなわち宗利と宗純の対立により、仙台藩も含めて交付は棚上げされた。「吉田三万石は幕府から与えられたものではなく、十万石から分けたものである。よって朱印状には十万石と記載されたい」と宗利が主張してやまなかったからという。貞享元年の将軍綱吉による大名、公家、寺社などへの継目安堵（再交付）の時、ようやく朱印状が下された。

分知に際しての村方・浦方の配分根拠については諸説あるが、宗純に与えられた三万石領の主要部分は吉田港から内陸部に及ぶ肥沃な穀倉地帯であり、その厚遇ぶりが窺われる。伊達政宗隠居料として仙台藩に分知していた知行地をそのまま宗純に与えた、という説もある。また、伊達兵部（宗勝）の斡旋があったともいわれる。宗純の出来が悪いので、馬鹿な子ほど可愛いということで、秀宗が我が子の将来を案じ、地味のよいところを分けてやった、という口碑《こうひ》もあるが、そ

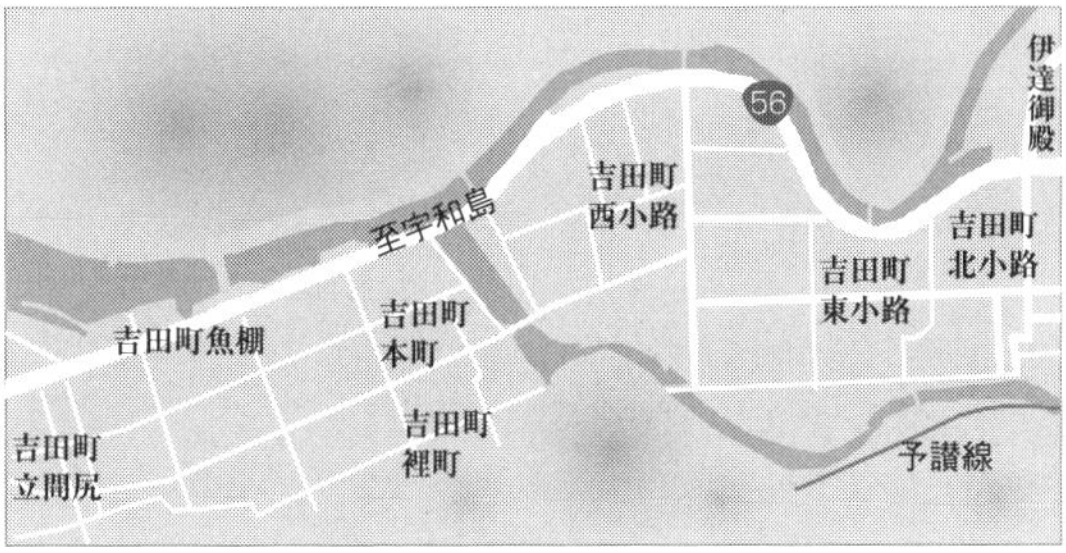

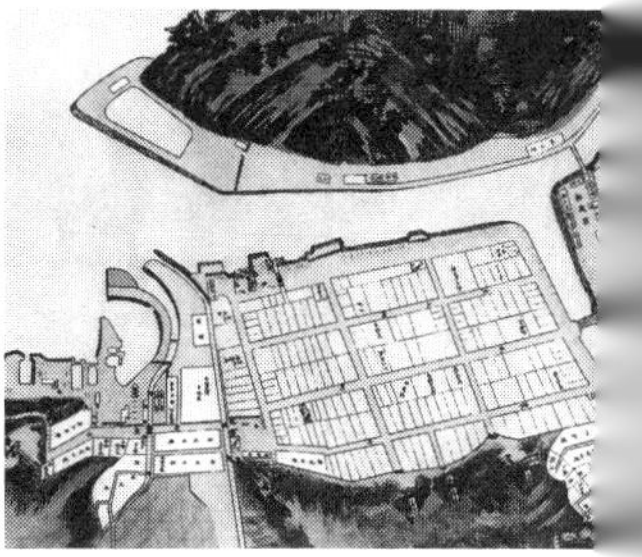

現在の吉田町。江戸時代（右）とほとんど変わっていない

の真偽はともかく、宗純に名君伝説がないのは事実である。

家臣団は家老の井上五郎兵衛千三百石、尾川孫左衛門一千石、朝倉内蔵之助八百石ら上・中級藩士五九名、無足《むそく》衆、御歩行《かち》衆、御勘定衆、御船頭《ふながしら》衆、御部屋住ら五五名、小船頭《こふながしら》、水主《かこ》、足軽、長柄之者《ながえのもの》、百人之者、厩《うまや》之者、大工ら一三〇名、総計二四四名（二四一名とも）が与えられた。これらは分人と称され、明暦元年にはほぼ内定していた。

分人の選抜に関する事情は不明である。三万石割譲で腹の虫がおさまらない宗利が高禄・無能の家臣をおしつけた、ともいわれる。寛文六年（一六六六）、宗利が「故あって」弟の民部宗則を勘当し、吉田に追放しているのも、宗利の弟宗純への宿意を髣髴とさせる一件である。

分人のうち、知行取りの者が五七名、扶持・切米取りが五六名で、高禄の家臣が多い。一人当たりの知行高を平均すると二百七十石以上、知行総高は一万五千五百石を超える。分知早々、吉田藩は多すぎる高禄家臣団という問題をかかえていた。

分知に際し、宇和島藩から具足・弓・矢・槍・鉄砲、それに船舶一二艘が譲渡され、創業資金として小判一五〇〇両、白銀一五〇貫目《かんめ》が与えられたという記録がある。

なお、吉田藩の家臣団の構成（格と職）、領内支配の職制、村制機構等は、他

秀宗の供養碑（大乗寺・吉田町立間）
殉死者四名の供養碑も見える

藩も同様であるが、きわめて複雑で、その実態も不明な点が多く、しかも時代によって変化している。したがって、本書では言及しない。

吉田藩領は宇和島藩領のほぼ中央部分に虫食いのように成立し、しかも飛び地を有しており、両藩の境界はきわめて複雑で、領地の帰属をめぐって争いが絶えなかった。境界問題は兄弟の不和を背景に激化した。

伊予と土佐の国境（予土《よど》国境）に北宇和郡松野町があり、「目黒山形模型」という木製の模型が保存されている。組み立てると、畳三畳ほどの広さに山岳、渓谷、河川が出現する。山は暗緑色《あんりょくしょく》に着色され、境界線を朱《しゅ》で線引きしてある。

吉田藩領の目黒村（現・松野町目黒）と宇和島藩領の次郎丸村（のちに豊岡村と改名）が境界をめぐって争った際、裁定する幕府への説明資料として作られたものである。

争いは万治元年（一六五八）に始まった。目黒村は飛び地であり、吉田藩にとって船材・建材の主要産地であった。次郎丸村の杣人《そまびと》が目黒村の山に入って樹木を伐採したので、これを目黒村の庄屋が取り押さえたのが発端という。

村と村の境界争いはそれ以前からあったようだが、両村の庄屋が両藩の郡《こおり》奉行に訴え、両藩を後ろ盾にして激しく抗争したと伝えられる。吉田藩の通史である「藤蔓延年譜《ふじつるえんねんふ》★」には、事件当時の次郎丸村庄屋は兵左衛門、目黒村庄屋は長左

▼「藤蔓延年譜」
「藤蔓延年譜」は、吉田藩の藩校時観堂教授森嵩（通称峻蔵、号退堂）が、文化一四年（一八一七）三月に編纂。七代村芳に献上された。伊達秀宗、吉田藩祖伊達宗純から六代村芳までの略年譜。題名は、伊達家の先祖が藤原氏であることから、その繁栄を祝い、願う意が込められている。

衛門、吉田藩郡奉行は桜田平左衛門、田中徳右衛門、井上治兵衛、宇和島藩郡奉行は鬼生田惣右衛門、勅使河原《てしがわら》弥五右衛門と記されている。

目黒村が幕府に出訴したのは寛文四年（一六六四）で、幕命により両村は係争地の絵図を作製することになった。図面だけでは判断できないということで、精密な模型の製作も命じられ、両藩は起請文を交わして厳正に作製した。

模型には銀杏《いちょう》の木を用い、江戸への運搬の便宜上、六個の部品に分け、ダボ継ぎで連結する仕組みとした。「町見（町間）」と呼ばれた民間の測量技術者の測量によるものといい、縮尺は五九〇〇分の一、その精度はきわめて高い。

寛文五年十月十二日、模型と絵図を参照した幕府寺社奉行は、新たな境界を絵図に書き入れ、裏面に判決文を記した。結果は次郎丸村の敗けで、幕府が認定した境界を宇和島藩も納得せざるを得なかった。宗純は目黒村庄屋長左衛門に感状と褒美を与えたという。

この三年前（寛文二年）、吉田藩は自領の五カ村を宇和島藩領の八カ浦と交換している。吉田側の要求と思われるが、この交換で、吉田藩は鰯《いわし》の宝庫である宇和海沿岸に二九カ浦を領有することになり、漁業による収入源を拡大した。

境界紛争は宗利、宗純の没後も散発した。寛政年間中（一七九四〜一七九九）、吉田領迫目《はざめ》村と宇和島領光満《みつま》村との山林境界と井手ケ谷堰の構造及び分水についての争いもその一例である。

目黒山形模型
（松野町教育委員会蔵）

勅使河原父子一件

船奉行勅使河原《てしがわら》與一右衛門（与一右衛門）の斬殺事件は、大坂冬の陣から五十年、島原の乱（宇和島藩も派兵した）から二十七年、いまだ殺伐とした戦国の遺風が感じられる寛文四年（一六六四）の事件である。

秀宗の事績を記した『鶴鳴餘韻』には、元和八年（一六二二）から寛永二十年（一六四三）までに宇和島藩が新規に召し抱えた家臣一〇六名（茶人二名含む）の名簿が記載され、その中に、「勅使河原與一右衛門　松平下総守《しもうさのかみ》★牢人寛永十二年被召出」とある。寛永十二年二月十五日、京都で伊達秀宗に拝謁し、知行二百石を与えられ四月上旬に宇和島入りしたという。

秀宗が江戸で死去すると、かねて覚悟の宮崎八郎兵衛が追腹《おいばら》を切ったが、宮崎家文書では、この時、宮崎を介錯したのが勅使河原與市右衛門である。ということは、秀宗逝去の明暦四年（一六五八）、與一右衛門は江戸詰めだったことになる。『鶴鳴餘韻』には、吉田分知にあたって宗純に与えた上級・中級の分人一一四名が列記され、その中に勅使河原與一右衛門の名前も見える。與一右衛門は分人として吉田伊達家の家臣となったと考えられる。

與一右衛門は吉田藩では物頭となり、やがて船奉行を務めた。船手組は誇り高

▼松平下総守忠明
安土・桃山時代から江戸時代初期の武将・大名。天正十一年、徳川家重臣奥平信昌の四男として生まれる。奥平松平家の祖。家康は祖父。三河作手藩、伊勢亀山藩、摂津大坂藩、大和郡山藩、播磨姫路藩主。大和郡山藩主時代、短期間であるが、剣客荒木又右衛門を剣術指南役として召し抱えた。寛永二十一年没。

く、特権意識をもっており、なかなか扱いにくい組織である。万事に厳格で鳴る與一右衛門は煙たがられ、するうちに、御用船の用材に死節《しにぶし》★を使用したという理由で、船頭《ふながしら》・船大工頭連署の上訴《じょうそ》があった。

與一右衛門と子の源五兵衛は親類にお預けを命じられたが、父子は無実であるとして命に服しなかった。そこで宗純は切腹を命じたが、父子はこれにも応じない。宗純は討ち手をさしむけ、多数の刺客が寝込みを襲撃した。刺客は素手で抵抗する勅使河原父子を斬殺した。寛文四年（一六六四）十二月一日のことという。

勅使河原父子の死後、御船頭矢野関太夫は変死し、変異が続いて矢野家は断絶した。旧勅使河原屋敷の前の道を通った御船手組の者が負傷したり、歩行困難になる異変が続いたので、裏道をつくったとも伝えられる。

身辺になんらかの異変があって祟りを怖《おそ》れたものか、宗純は御殿山の麓に和霊《われい》明神社《みょうじんしゃ》を建立して父子の霊を祀った。陣屋町の古地図で和霊明神社を確認できるが、のちに八幡神社に移され、境内社として現存する。大乗寺裏山の山裾に二基の墓碑が建てられ、これも現存する。法号は與一右衛門が冷岩徳利居士、源五兵衛が雪洞宗白禅定門。

勅使河原父子の和霊明神社は広く尊崇を鍾《あつ》めなかったようであるが、四代藩主村豊の時代に再建された時には、町人が建築費を寄付している。大正時代、旧勅使河原屋敷跡に工場が建てられたが、女工が変死し、祟りと噂されたという。

▼死節
枯れ死にした枝が樹皮をつけたまま幹に取り込まれ、周囲の組織と密着していない状態をいう。板材の場合、乾燥収縮して抜け落ち、いわゆる節穴になる。

八幡神社の境内社・和霊明神

勅使河原父子の墓（大乗寺）

◆2

仙台伊達騒動と吉田藩

若き仙台藩主伊達綱宗が無作法を咎められ強制隠居。やがて仙台伊達騒動が。幼君亀千代の後見伊達兵部は藩政を牛耳る。伊達安芸が兵部の秕政《ひせい》★を幕府に出訴。原田甲斐の乱心刃傷で伊達騒動は終息。宗純は兵部一族を預かり、厚遇する。

▼秕政
悪い政治。

伊達綱宗の逼塞

伊達騒動とは仙台藩のお家騒動のことで、寛文年間に起きたので寛文事件といわれる。事件終熄後、百十数年後に初演された歌舞伎「伽羅先代萩《めいぼくせんだいはぎ》」によってこの騒動は一般大衆に知られるようになった。もっとも、事件の真相が知られるようになったわけではない。

明治四十二年（一九〇九）、鳥羽・伏見の戦いにも参戦した旧仙台藩士の大槻文彦博士が、大著『伊達騒動実録』を上梓《じょうし》した。史実に基づいた最初の著書であり、ある程度は事件の実態が知られるようになった。

山本周五郎の『樅《もみ》ノ木は残った』（昭和三十二年刊）は優れた小説で、繰り返し映画化・テレビ化され、寛文事件は広く知られるようになった。大逆臣・大悪人

錦絵「伽羅先代萩」
（早稲田大学演劇博物館蔵）

とされてきた原田甲斐宗輔《むねすけ》が、実は伊達家安泰のために身命を擲《なげう》った忠臣だったという話になっているが、これはあくまで作者の推理に拠っているので、史実とするわけにはいかない。

万治三年（一六六〇）七月十八日、仙台三代藩主伊達綱宗が「不作法の儀」をもって幕府より逼塞（強制隠居）を命じられた。十九歳で家督を継いでからわずか二年後である。「不作法の儀」とは、大酒癖《たいしゅへき》と遊郭《ゆうかく》（新吉原）で遊んだことをいうらしいが、当時、大名の遊郭通いはさほど珍しいことではなかった。綱宗の場合、幕命による小石川堀の浚渫《しゅんせつ》工事に際し、工事現場から吉原に通ったので、江戸市中の噂になったのである。

これに先立ち、綱宗の不行跡が藩《おいえ》の一大事であるとして、伊達家の親族大名である岡山藩主池田光正（三十一万五千石）、丹後宮津藩主京極高国（七万八千石）、筑後柳河藩主立花忠茂（十万九千六百石）、陸奥一関領主伊達兵部宗勝（一万石）が額集し、相談した。兵部宗勝の継室《けいしつ》は、筑後三池一万石領主立花種次の娘で、二代藩主忠宗の長女が嫁《か》した柳河藩主立花忠茂の養女にあたる。

相談の結果、幕府老中酒井雅楽頭《うたのかみ》忠清に願い出て、雅楽頭が伊達家の奉行（家老）らをきつく叱り、綱宗にも意見してもらう、ということで衆議一決した。ところが、綱宗は忠清の「強《こわ》意見」に耳を藉さなかった。やむなく親族大名及び家老らは、七月九日、綱宗の隠居願いと実子亀千代による相続を、連署をもって幕府に願い出た。同月十八日、「無作法の儀が上聞《じょうぶん》に達したため、逼塞を命じる」との上意が綱宗に申し渡された。その翌日、綱宗の遊郭通いに同行していた近臣渡辺九郎左衛門、坂本八郎左衛門、畑与五右衛門、宮本又市の四人が刺客によって斬殺された。伊達兵部の命によるという。

八月二十五日、老中列座の酒井忠清邸に伊達家の重臣が招集され、綱宗隠居と綱宗の実子亀千代の相続が許可されたことが改めて伝えられた。幼君亀千代の成人までは大叔父の兵部宗勝と伯父の田村右京宗良が後見役となり、伊達家六十二万石からそれぞれ三万石が分封《ぶんぽう》されることになった。

綱宗に対する幕府の厳しい処分は、綱宗が後西《ごさい》天皇の従兄弟にあたるので、向後、綱宗が天皇家の威光を借りることにでもなれば甚だ不穏、と警戒したためである、ともいわれてきたが、近年この説は否定されている。

後年、酒井忠清は将軍家綱の大老となって権勢をほしいままにし、上屋敷が大手門のすぐ前にあったことから、下馬将軍とまでいわれた人である。酒井忠清の継室は姉小路大納言公量《きんかず》（公景とも）の長女で、兵部宗勝の嫡男市正宗興《いちのかみむねおき》の妻は、姉小路公量の四女で酒井忠清の養女★である。

このことから、伊達兵部は酒井忠清と縁戚関係を結び、互いに密約し、仙台六十二万石のうち三十万石を兵部が、十五万石を立花忠茂の子の鑑虎《あきとら》が、残りを田村宗良が分割する計略を進め、その手始めに綱宗を隠居させた、という説がある。

▼養女
「藤蔓延年譜」には、「伊達市正奥方酒井雅楽頭忠清公御女実ハ姉小路大納言様御女」とある。

伊達綱宗

しかし、伊達兵部と酒井忠清に縁戚関係が成立するのは綱宗隠居の後のことなので、この説には無理がある。

綱宗は二代藩主忠宗の六男で、嫡子光宗の早世により家督継承者となったが、忠宗が死ぬまで隠居しなかったのは、問題児である綱宗を危険視し、伊達家の将来に大きな不安を抱いていたからである。東北大学教授で、「仙台市史編さん専門委員」の平川新氏は、「陰謀や朝幕関係などが入り込む余地のない、きわめて単純な理由によって綱宗は逼塞を命じられた」とする。平川氏の「研究ノート　綱宗の無作法と忠宗」（『市史せんだい』一四巻）によれば、忠宗は奉行衆や綱宗側近に綱宗の行跡を監視★するよう命じたり、あまりの無作法（非行）ぶりに親子の縁を切って勘当せざるを得ない、とまで思いつめていたという。

美作守（綱宗）は十五、六歳、どのような怖るべき少年だったのだろう。臨終間際まで綱宗に不安を抱いていた忠宗であるが、明暦四年七月、遺命によって綱宗は家督を継いだ。その二年後、綱宗は幕命により逼塞する。

以上が綱宗隠居の概要で、これが寛文事件の前段となる。

綱宗は品川の大井屋敷に隠居し、以後、五十年の余生を送った。隠棲してからも綱宗の行動は不羈奔放《ふきほんぽう》で、大きいものは一枚七〇両もしたというガラスを四〇〇枚余りも買って障子に嵌《は》めるなどした。森鷗外は短篇「椙原品《すぎのはらしな》」で、綱宗を「豪邁《ごうまい》」と表現している。

▼監視

忠宗が参勤を終えて帰国する際には、「(忠宗の) 江戸留守中は、招待されても気安く出かけさせてはいけない。一門に限っては許すが、行儀よくさせるよう」「下屋敷で鷹を飛ばしたり、鉄砲を撃たせないよう」「奉公人を気ままに召し使わないよう」「能舞台を使わせてはいけない」といった七カ条の注意を家臣に命じた。明暦二年（一六五六）九月二十一日付、忠宗「口上之覚」では、「万事、綱宗は覚悟が悪い。立花忠茂、伊達兵部立ち会いの上で注意したが、いっこうに行状が改まらない。不憫《ふびん》だが、親子の仲を切るしかないと思う」「綱宗の行状は沙汰の限りである。若いので一度は許したが、もう一度やったら勘当する」「綱宗の居間には用がなくとも誰か一人は張り付けておくよう。綱宗の居間に部外者を出入りさせるな」「稽古事や寝所《しんじょ》の世話をする者は責任をもって監視せよ」「綱宗側近の者に対しても警戒を怠るな」という五カ条の注意を奉行（家老）に与えている。これに前後して、綱宗側近の人事交代も行われた。

綱宗は得意の書画に自戒の意味を込めて「知過必改」の印を用いたが、何度も過ちを繰り返した。綱宗が女中に無体《むたい》なことをし、これを聞き及んだ水戸光圀（黄門）が、「そのようなことでは仙台藩の存続も危ぶまれる。自重するよう」と書状で諫《いさ》めているほどである。

綱宗作の刀剣や書画も宇和島伊達家に伝えられている。綱宗は諸芸に堪能で、画は狩野探幽に学び、書、蒔絵、刀剣にすぐれた作品を遺している。なお、宇和島三代藩主伊達宗贇《むねよし》は、綱宗と三沢初子★との子である。二代藩主宗利の男子がことごとく夭逝★したので、宗利の二女三保姫の婿養子に迎えられた。宗利宿願の十万石復元（「元禄の高直し」）を実行したのが宗贇である。

伊達兵部の専横　原田甲斐の刃傷　兵部一族の墓

仙台藩の実権を握った兵部は権力の集中化を図り、旧来の地方《じかた》知行制《ちぎょうせい》を維持しようとする御一門と激しく対立した。兵部は抵抗勢力を弾圧し、斬罪、切腹、官位・領地の剝奪《はくだつ》、逼塞など、その処分は百数十人に及んだという。そのような中、幼君亀千代の毒殺未遂事件があり、対立派はこれも兵部の策謀ではないかと噂した。

伊達安芸宗重（御一門）と兵部の甥の伊達式部宗倫《むねもと》（御一門）との間に、積年

脇差　銘・仙臺國司陸奥綱宗（表）、於武州品川戯鍛之（裏）
（宇和島伊達文化保存会蔵）

▼三沢初子
鳥取藩士三沢清長の娘。「伽羅先代萩」の乳母政岡のモデルと伝わる。寛永十六年（一六三九）～貞享三年（一六八六）。

▼ことごとく夭折
山家清兵衛の祟りとされた。

の境界争いがあった。両後見（兵部と田村宗良）が式部に有利な裁決を下したので、これを不満とする安芸は幕府に訴えることとした。寛文十一年（一六七一）三月、訴えは幕府評定所《ひょうじょうしょ》で裁定されることになる。伊達安芸の出訴は、伊達兵部の専横を幕府に訴え、兵部を除くことで伊達家の安泰を図るためであったともいわれる。

決死の覚悟で江戸にのぼった伊達安芸であるが、老中たちの評判もよく、評定は安芸側有利に進み、兵部の秕政《ひせい》がしだいにあきらかになった。三月二十七日、評定の最終日、審理は酒井雅楽頭邸で執り行われた。審問後、兵部派の原田甲斐宗輔が乱心して伊達安芸に斬りつけ、さらに仙台藩重役の柴田外記、蜂屋六左衛門にも斬りかかった。甲斐は伊達家の古内《ふるうち》志摩に斬られたとも、酒井邸の侍に斬られたともいうが、安芸と甲斐はほぼ即死、重傷の柴田外記と蜂屋六左衛門はその夜のうちに絶命した。

原田甲斐の乱心刃傷については、宇和島伊達家の『御歴代事記』にも記述がある。宇和島藩上屋敷に町奉行島田出雲守と作事奉行大井新右衛門が来て、酒井邸で斬られた柴田と蜂屋を預かれと命じられたので、家臣を遣って引き取ったが、「外記は道にて相果て、六左衛門は翌日未《ひつじ》之刻相果て」たという。柴田外記は、大老の屋敷で死ぬわけにはいかない、と家来に命じて宇和島藩邸に向かう途中、絶命した。酒井家上屋敷の現在地は大手町の三井物産ビルのあたり、当時の宇和島藩上屋敷は八重洲あたりである。

四月三日、亀千代後見の田村宗良は閉門、伊達兵部は土佐藩山内家に配流《はいる》、兵部の嫡男宗興は豊前小倉藩小笠原家にお預け、四月六日、江戸城に登城を命じられた綱村（亀千代）は、「若年のゆえをもって所領は安堵するが、向後は後見を廃し、何事も親戚の伊達宗利、立花鑑虎《あきとら》に相談するように」と申し渡される。

四月十四日、兵部側近の小姓頭《こしょうがしら》渡辺金兵衛は吉田藩お預けとなり、南八丁堀の吉田藩邸の長屋に身柄を拘束された。金兵衛は兵部の命により、綱宗の吉原遊《ゆう》蕩《とう》に同行した渡辺九郎左衛門ほか四人を斬殺したといわれる。病気を理由に吉田への護送延期を申し立て、絶食して九月二十七日に餓死した。

兵部の目付《めつけ》の横山弥次右衛門と今村善太夫は、宇和島藩にお預けとなり、宇和島まで護送された。仙台の「伊達治家記録五」に、万治元年の秀宗卒去に際して「六月十六日侍従（秀宗）御遺骨、江戸より豫州へ発棺せらる。（略）横山弥次右衛門元時を御使者として豫州へ差遣わさる」という記述がある。横山弥次右衛門にとっては二度目の宇和島であった。

なお、『伊達騒動実録』は今村善太夫の最期を「詳《つまびらか》ならず」としているが、宇和島藩の記録には、元禄四年（一六九一）に宇和島で亡くなり、死体を塩漬けにして江戸に送った、とある。墓は宇和島の仏海寺（当時は観蔵寺）にある。横山弥次右衛門は元禄六年に赦免され、七十二歳の高齢で仙台に戻った。

高知市の伊達兵部の墓所
延宝六年（一六七八）十二月四日没。五十八歳。悪名高い兵部であるが、政宗が十三歳の宗勝に宛てた書状には「返事はぜひとも自筆でよこしなさい。上手でなくとも、日頃から自筆で手紙をかくことが大切。下手だからといって書かないでいると、いつまでたっても上手くならないよ」とあり、微笑ましい

六月九日、原田甲斐の嫡子帯刀《たてわき》以下男子四人は切腹、帯刀の子二人は斬首、母は絶食して自裁、甲斐の妻は他家に預かりとなる。原田屋敷は取り壊され、底地を二尺まで掘り下げ、土は廃棄された。かくて原田甲斐は稀代《きたい》の極悪人となる。伊達安芸の訴訟は単なる領地争いに過ぎず、争いを幕府に持ち込んだ安芸に、たまりかねて甲斐が刃傷に及んだという見方もある。いずれにしても、伊達騒動には不明な点が多い

伊達宗純は、宗興の妻子四人を預かりたいと島田、大井の両奉行を通じて老中に嘆願した。九月三日、願いは聞き入れられ、宗興夫人、千之助六歳、千勝四歳、右近二歳の四人は十月三日、江戸を出立した。宗純は四人に二〇〇人扶持を給し、手厚く遇した。伊達兵部宗勝への報恩である。

十年後の延宝九年（一六八二）八月十二日、夫人（名は伝わっていない）は病没した。元禄三年四月十九日、三人の男子は赦免されたが、吉田にとどまった。千勝と千之助は三十に満たない年齢で、右近も四十歳を前にして病死した。吉田藩菩提寺の玉鳳山大乗寺に四人の墓がある。その背後には、四人を吉田に送り届けた武藤新左衛門、小岩仙左衛門の永代塔がある。

なお、宗純の正室は酒井忠勝の娘於まつ（松姫）、酒井忠勝は下馬将軍酒井忠清とは同姓別家の徳川譜代大名で、出羽国庄内藩★十四万石の初代藩主である。

伊達兵部一族の墓所
古くから祟りがあるとされ、訪れる人も少ない

▼庄内藩
藤沢周平の小説に登場する海坂藩のモデルである。

③

宗純の藩政と山田騒動

吉田藩の独立独行をめざす宗純は強権を発動し、高禄家臣を大量リストラする。宗純は新参者山田仲左衛門を重用して家老に抜擢する。山田の専横はお家騒動に。山田暗殺未遂事件と排斥運動に宇和島藩が介入、宗純の吉田藩独立の夢は潰える。

大量リストラとその背景

本藩からの独立を目指し、藩体制の確立を急ぐ宗純にとって分人の人事は喫緊《きっきん》の課題であった。宗純は藩主の強権を行使し、高禄の家臣を整理していった。

延宝元年（一六七三）、千三百石井上五郎兵衛御暇　五百石岩国三左衛門御暇

延宝五年、千石尾川孫左衛門御暇

というように延宝の初年から五年にかけて高禄家臣一八名の人員整理を断行、欠員補充には少禄の者を登用し、上級家臣の知行高を制限すると共に中級家臣の知行を削減した。郷土史家はこれを「延宝の改革」とし、宗純の優れた業績であるとしている。事実、延宝の改革によって得た蔵入高は三千七百石を超える。

家臣の過剰は分知当初からの懸案事項であり、延宝年間に限らず、宗純は間断

なく家臣を整理している。寛永四年（一六二七）の勅使河原與一右衛門もその一人に数えられるが、切腹、斬罪は例外的少数に過ぎず、跡目相続の不許可もあるが、多くは藩主による一方的な「暇下《いとまくだ》し（召し放ち）」による断絶であった。

延宝年間には五百石、千石、千三百石という高禄家臣が整理されたが、のちの天和元年（一六八一）にも大量のリストラがある。分知から貞享四年（一六八七）までの三十年間で、分人の半数が吉田藩から消えていった。断絶となった家臣は、二百二十石以上の者にあってはその三割、二百石級の者にあっては六割に及び、仙台伊達家以来の家臣（と子孫）にも容赦はなかった。宗純は人員整理だけではなく、家臣の減知、減俸、降格処分も強行した。

延宝年間の分人の大量処分には背景がある。寛文六年（一六六六）秋の記録的な大洪水で、『立間尻村誌』には、「寛文六丙午秋、吉田洪水、御物成七千三百石損、内五千石永荒★」とある。被災地復興が藩の急務となったが、被災地のうち一一カ村が知行地、七カ村が蔵入地であった。井上五郎兵衛の知行地、尾川孫左衛門の知行地は、内陸部の特に生産量の高い村々で、宗純は洪水被害を奇貨として井上、尾川両家の知行地を没収した。並行して、被災しなかった村々を知行する家臣も断絶させ、蔵入地を大幅に拡大した。

分知から十七年後の延宝二年、両藩は和睦★し、以後、宇和島藩は吉田藩に内政不干渉の立場を取ったが、尾川孫左衛門の召し放ちを聞くと、一転して宗純に翻

▼永荒
復興に長期間を要する激甚な被害。吉田藩は寛文末年にいたっても洪水以前の物成（税収）を回復できなかった。

▼和睦
「宇和島藩記録書抜」には、和睦の使者として家老尾川氏が宇和島藩に出向いたとある。三年後、尾川氏は宗純によって召し放ちに処せられた。

意を迫った。宗純は聞き入れなかったばかりか、尾川と懇意の家臣も加えて召し放ちにした。

ここで、「土芥寇讎記《どかいこうしゅうき》★」の宗純の人物評を見てみると、さんざんな酷評に終始している。風聞に依拠したと思われる酷評は「土芥寇讎記」のつねであり、参考にするに足らないが、一応、以下に意訳しておく。

「宗純は儒者を抱えたり、よそから儒者を招いて講義を受けているが、実は外聞を気にしての見栄からに過ぎない。(略) 女色に溺れ、病気と称して夜も昼も閨房に閉じこもり、出仕も疎かにし、大名や一族の交際も怠っている。美童も好きで、男色女色に溺れ、そのせいか顔色も悪い。息子の九十郎も、まだ若いのに父の寵童を所望して、これに溺れている。賄賂で差し出された妾を何人も置いているので、勝手向きも不如意になっている」

父子ともども薄志弱行の馬鹿殿とされている。愚昧《ぐまい》なので秀宗が豊穣の地を与えたという口碑がある宗純であるが、分人処分にみる苛烈さは薄志弱行どころか、果断実行というべきであり、本藩の要請を蹴って尾川家を断絶させるなどは独裁君主の凄みさえ感じさせる。

「土芥寇讎記」の吉田藩評には、「(宗利が) 分不相応の高禄の輩や無学無能で人柄宜しからざる輩ばかりを選んで (宗純に) 遣わしたので、(吉田藩は) 人を得ない」とある。「高禄の輩」はともかく、「無学無能の輩」ばかりでは藩経営は

▼土芥寇讎記
元禄三年に編纂された諸藩・諸大名の評判記。幕府隠密の報告に基づいているとされるが、編纂者も刊行意図も不明で、謎の史料とされる。

破綻する。二、三百石級の藩士は宇和島藩で郡奉行、浦奉行、納戸役、算用方など財務の要職を経験した者が多かった。「渡り侍や新参者を召し抱えているので家臣の仕置（政務）も宜しくない」ともあるが、新規召し抱えの事情について、以下に述べる。

宗純は果断実行して分人を大量処分し、これによって蔵入地の増大を実現したが、幕府の軍役令★に見合う家臣の新規召し抱えが新たな課題となった。

宗純が分人を厳しく粛清して得た蔵入地である。むざと新規採用の者に知行として与えるはずもなく（微々たる例外はある）、新規雇用者は扶持・切米取《きりまいどり》にほぼ限定した。

幕府は慶安事件★を契機に、全国にあふれる牢人の召し抱えを諸藩に斡旋した。諸藩は出自も定かではない牢人を微禄で召し抱え、吉田藩も同様であった。郷土史料では「不知筋目浪人（出自不明の牢人）」と表現されている。「土芥寇讎記」にある「渡り侍、新参者」がこれである。

分人淘汰《とうた》の嵐は貞享四年に終息し、この年に家臣団がほぼ確立されたが、最高の禄高の者でも五百石にとどまり、二百石級の家臣は分知当初と比べて激減した。百五十石以下の家臣は増加したが、増えた分の多くは減知処分による。扶持米・切米取の家臣は倍増し、足軽・小者《こもの》は四倍近く増えたが、これは家臣団の族縁的自然増と新規召し抱えによるものである。なお、加増された家臣もあるにはある

▼軍役令
元和二年に発布され、寛永十年に改定された。三万石大名家の場合、鉄砲八〇梃、弓二〇張、鑓七〇本、馬上三五騎、旗五本、総勢六一〇人とされる。

▼慶安事件
慶安四年、牢人問題を背景とする由井正雪、丸橋忠弥らの倒幕計画が事前に発覚し、由井正雪は自殺、一味は処刑された。慶安の変、由井正雪の乱ともいう。

が、宗純側近に限られている。

さて、「土芥寇讎記」の「新参者を召し抱えている」云々が、山田仲《ちゅう》左衛《ざえ》門《もん》事件のことをさすのかどうかはさておき、宗純が重用した出頭人★山田仲左衛門によって吉田藩に御家騒動が出来《しゅったい》した。

山田仲左衛門のお家乗っ取り事件

吉田領深田村に文庵と名乗る評判のよい医者がいた。文庵こと土佐牢人山田仲左衛門、流浪して深田村に医院を開業した。延宝二年（一六七四）、文庵が宗純の難病を平癒させたことから、宗純は藩医として破格の高禄で召し抱えた。

仲左衛門は医術以上に武術の達人で、まもなく藩の剣術指南役に登用された。御前試合《ごぜんじあい》で武者修行の剣客を倒したのを認められたというが、その真偽はともかく、仲左衛門は文武に優れ、仕官後六年足らずで五百石取りの家老職筆頭にのぼりつめた。延宝元年に分人淘汰によって断絶させられた筆頭家老井上五郎兵衛の御殿前の旧宅を拝領するなど、前例のない厚遇であった。

家老に取り立てられた山田は、しだいに藩政を専横《せんおう》するようになった。貞享二年九月、宗純の正室松姫が卒去すると、「御鬱散じ」と称して淫酒★をすすめ、素性あやしい妖婦をあてがって君心の収攬《しゅうらん》を図った。宗純の寵をよいことに、山

▼出頭人
主君の寵を得て、権勢をふるう者。

▼淫酒
酒色にふけること。

田が宗純の長女亀姫を息子の室に拝領しようとしている、という噂が広まるに及んで、御小人組の軽輩ら（少なくとも九名以上）が「仲左衛門にお家乗っ取りの野心あり」として山田の暗殺を企てた。

暗殺者らは御殿前の松並木の木陰で仲左衛門を待ち伏せすることにしたが、内通する者があり、集まった八人は一網打尽にされた。天和三年（一六八三）十一月二十八日のことである。首謀者の長兵衛以下八人は切腹を命じられ、大工町奥の普門院で切腹した。宗純の草履取りであった四平という者には宗純から特別に助命の沙汰があったが、四平は同志と共に切腹して果てた。

遺体は同所に埋められたが、寛延三年（一七五〇）になって廟所《びょうしょ》が設けられた。簡素な墓石の台座の三面に、長兵衛、徳兵衛、覚右衛門、四右衛門、五右衛門、三助、四平、久助、以上八人の俗名が刻まれ、石塔には法号が刻まれている。

命拾いした山田は難を避けて江戸に移ったが、甲斐織部ら譜代家臣は山田の非違を問うべく弾劾状《だんがいじょう》を何度か作成し、仙台藩に訴えた。貞享三年（一六八六）六月十九日付けの最終的な弾劾状は、

一、奢り甚だしく、依怙贔屓や諸事不作法な行為によって家中が疎み果てた。
二、九十郎に対して無礼があった。
三、宗純の室が卒去した際、九月十八日に訃報が吉田に届いたにもかかわらず、
　宗純への報告を二十日まで遅延した。

お八人様供養碑（吉田町大工町）
以来、「お八人様」として今日まで崇敬され、毎年十二月四日には供養祭が行われる。香華のたえない墓碑は「八烈士の供養碑」とも呼ばれている

と要点を三点に絞っている。

一の依怙贔屓とは、仙台伊達家以来の筋目・古参の者を排除し、山田の兄弟をはじめ、出自も知れぬ牢人を召し抱えたことをいう。二の九十郎に対する無礼とは、宗純の江戸参勤中に仲左衛門が陣屋の御殿で寝起きし、九十郎すなわち宗純の二男宗保（二代藩主となる）に、自分を「おじ様」と呼ばせ、あたかも息子のように扱ったことをいう。三は仲左衛門が情報を独占したことをいっている。

二と三はともかく、一の牢人召し抱えには、時期的にみても山田はほとんど参画する余地がなかったし、牢人召し抱えは宗純の仕置《しおき》で、山田はその伝達にあたったに過ぎない。また、仙台伊達家以来の筋目・古参の者を排除したのも、その主体者は宗純である。したがって、本来は藩主に向けられるべき分人の不満★が山田に集中したのである。

貞享三年六月、芝浜の仙台藩邸で、山田仲左衛門対荻野七郎兵衛・久徳半左衛門・尾田喜兵衛・甲斐織部の公事（裁判）が行われた。

仙台藩月番奉行（家老職）柴田内蔵《くら》★が審問にあたったが、山田は得意の弁舌で黒を白と言い繕った。このままでは山田は不問になると焦慮した甲斐織部は山田の控えの間に乱入、抜刀して斬りかかった。山田は武芸の達人である。殺害は未遂に終わった。甲斐織部は乱心とされ、南八丁堀の吉田藩邸に護送された。

甲斐家は仙台伊達家以来の家柄である。織部は通称元繁、寛文十三年（一六七

▼**不満**
山田騒動は、諸藩創業時にありがちな古参家臣対新参者家臣の対立という形を取りながら、その実、粛清を繰り返す藩主に対して古参家臣が抵抗した、より深刻な対立である。家臣たちもそれを承知の上で山田を弾劾したのであろう。

▼**柴田内蔵**
柴田内蔵こと柴田宗意（むねおき）は、原田甲斐に斬殺された柴田外記の子である。

三）に十七歳で家督を継ぎ、二十四歳で家老職に任じられた。在府し、幕府との調整にあたったこともある。山田事件では反山田派の首謀者となり、荻野七郎兵衛、久徳半左衛門と同行して江戸に出向き、仙台藩を動かして仙台藩邸での対決に持ち込んだ。判決の結果、山田仲左衛門は仙台藩に終身幽閉の身となった。仲左衛門の子幸八と万之助、ほかに関係者二名が宇和島藩預りとなった。山田派の家臣一四名も召し放ちや降格に処せられた。

一方、甲斐織部は乱心刃傷を咎められ、知行五百石を没収、二五人扶持となって成妙郷（三間地区）の黒井地村（甲斐の知行地か）に逼塞した。「甲斐家文書」では、織部は宗利の内意を受けて江戸に向かい、芝浜の仙台藩邸で柴田内蔵と面談後、不慮の病気で吉田に帰国し、黒井地村に居住したと記されている。

その後の山田仲左衛門については記録がない。司馬遼太郎は短篇「重庵の転々」に山田騒動を描いている。

山田事件の結末　宗純の強制隠居

事件は一応落着したが、仙台藩主伊達綱村から宗利に、向後、宗純の行状を監視するようにとの口添えがあった。事件後、宗利が甲斐織部らに宗純を油断なく諫めるよう命じた長文の書状（「甲斐家文書」所収の「覚」）がある。宮内少輔《くないしょう》（宗

甲斐元繁
（『甲斐家文書』所収）

純）の気随は生まれつきで、取り入る者は気に入られ、少しでも諫言する者は気に入られない、と宗利の宗純評★は辛辣《しんらつ》である。

かくて宇和島藩は吉田藩に対する優位を確立し、事実上、吉田藩は宇和島藩に従属する支藩となった。この意味においても山田騒動は吉田藩にとって一大事件であった。事件の五年後、元禄四年（一六九一）に宗純は隠居して宗保に家督を譲る。宝永五年（一七〇八）に死ぬまで隠居期間は十七年にも及んだ。

宇和島三代藩主伊達宗贇《むねよし》が仙台藩に送った書状に、「宗純が長患いのために不都合が多々あり、片時も早く隠居願いを出すよう準備中」とある。山田騒動後に藩経営の中枢を握った尾田、恒川《つねかわ》の両家老が宗純隠居を宇和島藩に要請したのである。尾田はかねて宗純によって隠居させられたが、貞享三年（一六八六）に家老に復職した前歴がある。

宗純の引退は山田事件をきっかけに分人の重臣たちが策動した強制隠居である。藩の内紛に幕府が介入すれば、改易ということにもなりかねない。騒動に懲りた重臣たちが主君に引退を迫ったのである。

宗純がどのような心境で晩年を送ったかは想像するほかない。元禄六年十月十四日、生母於たつが没し、江戸深川の双修山心行寺に葬られた。のちに、吉田の大信寺に墓碑★を建てた。元禄十一年、有馬温泉に出かけ、また、藩士の邸宅で操芝居（人形芝居）の興行を見物したという記録がある。宝永五年（一七〇八）十

▼宗利の宗純評
宗利は温厚な名君であったが、宗純に敵意をいだき、危険視していた。

▼墓碑
大信寺は万治元年、宗純が開基。生母の墓所としてからは、常昭院恵林山大信寺と改称した。

伊達宗純母の墓碑（大信寺）

月二十一日、宗純は七十三歳で死んだ。墓は大乗寺。同年十二月二十一日、伊達宗利が宇和島で没した。

宗純は賢侯・名君とされていない。しかし、その事績からは三万石吉田藩の自存独立に挑んだ積極果断な人物像が髣髴する。宮崎八郎兵衛が部屋住の宗純を身命を賭《と》して大名にしたのも、英邁の資質を見込んでのことであったかもしれない。また、父秀宗の供養塔に刻んだ「孝子宗純これを建てる」に、宗純のもう一つの顔が見えるような気がする。

初代伊達宗純

生年：寛永十三年五月五日（一六三六年六月八日）
没年：宝永五年十月二十一日（一七〇八年十二月二日）
実父：伊達秀宗
生母：京都牢人吉井喜兵衛の娘於たつ
正室：出羽国庄内藩初代藩主酒井忠勝の長女於松（松姫）

秀宗の供養塔の碑文

伊達宗純の墓所

これも吉田

吉田名僧列伝

吉田は陣屋町だけあって寺院の数が多く、今に名を残す名僧も多い。

荊林和尚

幡龍山海蔵寺六代住持。大悟徹底の僧であったといい、「今一休」と称された。藩領の寺僧が御殿に招かれたとき、用意された膳に魚があった。一同は顰蹙したが、荊《けい》林《りん》はためらわず箸をつけて、「御殿のお豆腐の味はまた格別」と舌鼓を打った。このとき荊林は御殿女中の手を握ってはなさなかったという。五代藩主村賢は荊林のもとにしばしば参禅し、あるいは殿中に招いた。寛政元年（一七八九）十一月、示寂。

頤山和尚

頤山《いざん》は海蔵寺の八代住職で、家老熊崎氏の分家の出といわれる。ある日、坐禅を組んでいた頤山が、突如、寺の者を集め、池の水を汲んで庭にかけるよう命じた。一時間後、その作務を終えさせたが、一同は頤山の意図をはかりかね、意味を訊ねたが、頤山はただ笑うばかりだった。

十日ほどして、豊後（大分県）の万寿寺から、「過日、当寺火災の節はご助力を賜り、お蔭をもって鎮火いたし候」との礼状が届き、一同は頤山の神通力に感嘆した。

この話は、南伊予の保内町の龍潭寺に伝わる和尚の水かけ伝説が混同されて伝わったとされるが、東伊予の新居浜市瑞應寺に伝わる月庭和尚の法力伝説も同工異曲であるし、知多半島の知多四国霊場二十二番海蔵寺にも同種の伝説がある。各地に伝わる日本昔ばなしの類であろう。名僧であったのは事実らしい。文政十一年（一八二八）一月十三日、遷化。

遼天禅師

三十八歳で大乗寺の住職となり、安永六年（一七七七）十二月、魚棚から出火した大火の際は、寺の倉庫を開いて難民を救済し、被災家屋をたずねて再建に尽力した。

守信尼

家中今村十右衛門の四女、俗名富子。容姿に優れ、家中の荒木右仲太と婚約したが、右仲太が病没すると、剃髪して仏門に入った。十七歳であった。

海蔵寺の頤山住職の教えを受け、各地に修行し、老いてからは海蔵寺に帰住した。孤児を養育するなど、慈善事業に生涯を捧げ、明治六年（一八七三）十月二十三日、八十七歳で没した。

このほか、明和五年（一七六八）海中に身を投じ、八大竜王の生贄となって雨を降らせたという医王寺五世達道和尚、大乗寺中興の祖といわれる越渓禅師、学識を慕って藩の文人がこぞって師事した得誉上人、鉄砲を持った賊徒を素手で取り押さえ、げんこつ和尚の異名をとった物外和尚、法話の名人で満堂の聴衆が随喜の涙を流したという明渕寺九代住職聖諦などがいる。

これも吉田

吉田藩武芸者列伝

辻月潭

　辻月潭は身長四尺に足らなかったというから、現在の八歳児の平均身長に等しいが、剣をとっては無外流免許皆伝、柔術にもすぐれ、「伊達の月潭」の異名があった。

　ある年の春、月潭が微醺を帯びて両国橋にさしかかると、回向院《えこういん》の場所がはねて部屋に戻る力士たちと出くわした。力士たちは、どう見てもこどもにしか見えない二本差しの侍を面白がり、通せんぼをし、頭を下げなければここを通さない、とからかった。「かまえてその儀はお断り申す」と月潭が答えると、ひときわ大兵の力士が月潭の襟首をつかんだ。軽々と吊るし上げ、欄干を超えて川の上に突き出し、名を名乗れと恫喝した。「拙者は吉田伊達家の辻月潭」と名乗ると、力士はたちまち顔面蒼白となり、思わず手をはなした。春とはいえ冷たい川面に水音が上がると思われた瞬間、月潭は牛若丸さながら欄干の上にすっくと立ち、橋の上には巨漢の力士が長々とのびていた。見物していた野次馬は息をのみ、拍手をするのも忘れたという。

　両国橋といえば、江戸勤番の下級藩士大塚喜造が橋の上で薩摩藩士の袖にふれ、口論となったが、喜造は平身低頭し、謝るとみせて相手の足をすくって川に落とし、一目散に藩邸に逃げ帰ったという話もある。

　辻月潭は享保十二年（一七二七）六月二十三日、吉田で没した。大乗寺に墓がある。戒名は大雲院無外一法居士。

高橋清蔵と古谷栄蔵

　高橋清蔵は槍術の達人。七代藩主宗翰の命によって鹿児島藩の槍術師範に学び、鏡智流の印可を受けて帰国、藩の槍術指南役となった。無欲の人で、清貧に甘んじた。来客に出す小皿がないので枇杷の葉で代用したとか、着衣があまりにみすぼらしいので、門弟らが紋服一揃いを贈ったが、昼夜の別なく着通したのでぼろ雑巾のようになってしまったという逸話がある。家の壁は落ち、屋根も壊れて雨漏りがしていたが、清蔵は陋屋の戸棚に座し、天井から落ちる雨粒を刀で斬って楽しんだという。

　武者修行で吉田に来た古谷栄蔵という者が弟子入りし、ある日、素面素小手を常としていた高橋に、「面を着けてください。今日の私は絶好調ですので、先生を傷つけるかもしれません」と申し出ると、「私の体を一カ所でも突くことができれば印可を授けよう」と答えた。栄蔵の槍は師の前歯二枚を砕いた。これを喜んだ高橋は栄蔵に印可を与え、推挙して藩の指南役補とした。

長谷川直正

　馬術師範長谷川家の五代直正は、七代宗翰・八代宗孝に仕えた。幼い頃から馬術に天与の才をあらわしたが、藩命により丹波篠山藩の大坪本流に入門した。その修行は苛烈を極め、大腿骨が湾曲し、頸椎に異常をきたしたというが、大坪本流の奥義を究めて吉田に帰国した。大坂屋敷、京屋敷に出仕したのち、江戸定府となった。火事が頻発する江戸では、出火の半鐘が鳴ると、近隣の大名家は馬を飛ばして状況を調べさせた。直正の馬は現場に一番乗りすることが多く、市中の評判だった。直正はいかなる悍馬も乗りこなしたので、諸藩から試乗の依頼が相次いだ。

　諸侯のお国自慢で、宗翰が直正を馬術日本一としてあげたことから、愛宕神社石段の乗り上げが行われることになった。直正は見事に乗りこなし、講談で有名な「曲垣《まがき》平九郎出世の石段」以来の快挙として江戸中の人気者になった。吉田で門弟の沢田一《いっ》三九《さく》の屋敷を訪ねたとき、表を通る馬の蹄の音を聞いただけで、その騎《の》り手が誰であるか言い当てたという。古稀を過ぎて、天保十五年（一八四四）七月七日卒去した。医王寺に墓がある。法名、一鞭軒図按道元居士。吉田ゆかりの法華津寛氏が東京オリンピックの馬術競技に出場したとき、長谷川直正の子孫である長谷川直武氏が、藩主拝領の家紋入りの鞭を贈り、話題となった。

沢田一三九《いっさく》

　沢田義画《ぎかく》といい、通称一三九、号を静修。一三九は毎朝一升飯を平らげ、昼食も取らずに剣の稽古に励んだ。巨漢怪力で、江戸への道中、六貫目（約二二キログラム）の鉄棒を杖がわりにしたという。飯笹流の剣術指南役であるが、藩の儒者でもあった。宇和島藩の儒者金子春太郎に学び、江戸に出て安積艮斎《あさかこんさい》に学んだ。帰国後は藩校時観堂の教授に迎えられた。慶応三年（一八六七）七月三日、五十三歳で没した。墓は海蔵寺。

佐竹良幹・良長父子

　田宮流の居合術は流麗比類なく、「美の田宮流」といわれる。七代藩主宗翰は紀州徳川家のお家流である田宮流剣術に惚れ込み、その伝授を乞い、国許から佐竹良幹を呼び寄せ、和歌山の田宮流師範に入門させた。良幹は修行すること五年、その奥義を究めた。紀州侯は高禄で召し抱えようとしたが、これを断って、和歌山でさらに二年間、後進を指導した。その間、剣名をねたまれ、たびたび命を狙われた。帰国後は田宮流の指導に邁進した。良長は良幹の長男で、幼少から父に剣を手ほどきされ、十八歳のとき江戸に出て、和歌山藩剣術指南役に師事した。四年後、帰国して剣術を指南した。維新後は邸内に道場を設け、剣の廃れるのを嘆きつつ、明治二十七年（一八九四）、齢七十を過ぎて没した。

三瀬貞吉

　通称を一郎左衛門といい、御弓丁に住んでいた。十六歳のとき、沢田一三九に入門したが、いっこうに上達せず、剣を捨て文学の道をめざせと破門された。これにめげず、庭の柿の木を相手に練磨を重ね、三年後、柿の幹を突きとおした。ふたたび沢田道場の門を叩き、一三九に突き一本をとり、入門を許された。のちに飯笹流剣術指南役となった。礼儀にやかましく、侵入した泥棒を取り押さえて「名乗りもせずに他人の家に押し入るとは無礼千万」と叱ったという。どこかで聞いたような話ではある。明治二十年没。

これも吉田

柑橘王国吉田

ほのぼのと吉田蜜柑の皮剝けば夢にも遥けくなりにけるかも　吉井勇

吉田三万石昔は城下　山にゃ黄金《こがね》の蜜柑《みかん》畑《ばた》　野口雨情

　愛媛県では主に瀬戸内海の島々と宇和海沿岸部で柑橘が生産されている。海に面した急傾斜の段々畑では、太陽光、海からの反射光、石垣の輻射熱、この三つの太陽によって高品質の柑橘が栽培される。

　蜜柑の起源を橘とすると、橘を卑弥呼が魏に朝貢している記録があるから、その歴史は古代にさかのぼる。橘が突然変異して柑子《こうじ》というものが生じ、果物としての蜜柑のこれが祖先である。果物と菓子の神様である田道間守命《たじまもりのみこと》は古事記、日本書紀に出てくるが、吉田の大乗寺には「果祖　田道《たじま》守《もり》」（橘観音）が祀られている。

　天文年間、伊予国守護で道後湯築城城主の河野通直が、今治市沖の大三島の大山祇神社神官大祝《おおほうり》氏から蜜柑を贈られ、その礼状が残っている。「蜜柑文書」とよばれ、蜜柑に関する日本最古の文献である。

　これからすると、瀬戸内海の島々では室町時代から食用の蜜柑が栽培されていたことになる。

橘観音（大乗寺）

　みかんといえば、紀伊国屋文左衛門の出世咄が有名だが、紀州みかんは中国浙江省から肥後に伝わった「小みかん」で、のちの温州みかん（現在、いわゆる蜜柑といわれているもの）とは品種が異なる。

　温州みかんというブランド名は、中国浙江省の温州市から伝来したからではなく、温州がみかんの産地として有名なので、それにちなんだものであるという。

　生産が本格化した明治以降の呼び名で、それまでは李夫人《りうりん》などと呼ばれていた。絶世の美女李夫人にあやかって呼ばれたともいうし、温州みかんは種が少ないので石女《うまずめ》の李夫人になぞらえたからともいわれる。

　吉田の温州みかんは、寛政五年（一七九三）、加賀山平次郎が土佐から持ち帰った苗木を植栽したことに始まり、吉田は愛媛の温州みかん発祥の地とされる。

　吉田町には加賀山平次郎が植えた蜜柑の原木（二代目）が残っており、「愛媛みかん導入者　加賀山平次郎生誕地」の石碑がある。果樹研究施設「みかん研究所」の正門横には「加賀山平次郎翁顕彰碑」がある。

第三章　三代藩主伊達村豊の時代

忠臣蔵に名を残す三代村豊は幕府公役、毎年の風水害、享保の飢饉に苦悩する。

①二十歳で卒去した二代宗保

二代藩主宗保は早世し、宇和島から宗春が三代藩主に。宗純の血筋は継承されず。
宇和島藩と比べて藩庁文書・大名家伝来品に乏しい吉田藩。その理由は何か？
吉田の伊達家菩提寺は妙心寺派玉鳳山大乗寺。伊達家墓所に昔日の面影はない。

伊達宗保

二代藩主伊達能登守《のとのかみ》宗保《むねやす》は、前章に登場した九十郎である。宗純には正室松姫との間に小次郎という男子があったが、三歳で早世したので、側室於豊の産んだ九十郎が世嗣の座についた。宗保の藩主在世はわずかに二年余りに過ぎない。

延宝元年（一六七三）四月十三日、江戸で生まれた。生母の於豊（出自不明）は三百石を与えられて白金の下屋敷に居住し、享保十四年（一七二九）に死去、白金の法華宗立行寺《りゅうぎょうじ》（大久保彦左衛門と一心太助の墓がある）に埋葬された。

貞享二年（一六八五）三月一日、将軍綱吉に初めて御目見《おめみえ》した。

元禄四年（一六九一）七月二十一日、宗純が隠居し、吉田伊達家を襲封。

元禄五年正月十八日、家督相続の祝いに宇和島藩邸の伊達宗利に招かれた。同

立行寺

年三月、公家衆御馳走役を拝命、院使《いんし》坊城《ぼうじょう》前大納言《さきのだいなごん》俊広の一行を饗応した。元禄六年二月六日、陸奥一関初代藩主田村建顕《たけあき》の長女於熊と婚姻。同年十月二日、江戸で急逝（死因不明）。享年二十二歳（満年齢二十）。妙心寺派の高輪《たかなわ》東禅寺に埋葬★された。

宗保には女子が二人ある。於亀は養女で、秀宗七男伊達宗職《むねもと》の子である。京極内匠《たくみ》高兼へ嫁いだが、病気により白金の下屋敷に引き取られ、離縁された。没して本庄法恩寺（東京都墨田区の日蓮宗本性院法恩寺の誤記か）に埋葬された。もう一人は於弁とも於節とも伝えられ、側室の子と考えられるが、池田織部政吉に嫁ぎ、没して谷中《やなか》の日蓮宗宗林寺に埋葬された。

以上が宗保に関する記録のほぼすべてである。

吉田藩を継いだ二代宗保は早世し、宇和島から秀宗の七男伊達刑部《ぎょうぶ》宗職《むねもと》の子金之助十一歳が三代藩主として迎えられた。宗純の血筋は吉田藩に継承されなかった。しかも、金之助が若年であったため、吉田藩の重臣は重要な案件については本藩にいちいち伺いを立てるようになり、宇和島藩からの目付の出向が恒常化した。宗純が目指した吉田藩の独立独行は実現しなかった。

ところで、吉田藩の公式の藩庁記録としては簡略な「藤蔓延年譜」があるばかりで、これも文化十四年（一八一七）に藩士が編纂したものなので、七代藩主伊達宗翰《むねもと》の途中で終わっている。江戸後期から幕末、明治にかけての吉田藩はきわ

▼江戸で卒去した藩主は東禅寺に埋葬され、墓碑が建てられた。後日、吉田の大乗寺にも墓碑を建てた。

めて史料に乏しい。このあたりの事情を、昭和四十六年（一九七一）に刊行された『吉田町誌』の序は、

「幕末にさいして、その記録するところを一瞬のうちに灰燼に帰し、伝来すべき文献の多くがうしなわれました」

と述べている。一瞬のうちに灰燼《かいじん》に帰《き》したというのは、「落葉のはきよせ★」の賛文に「（維新に際して）記録は心なき俗吏の為に一炉に附せられ★」とあり、このことと思われる。

また、吉田藩の記録・蔵書の一切は旧臣有志によって整理され、東京の伊達家に送られたが、吉田町に設立された簡野道明記念図書館に寄贈するため荷造りしたところ、おりから関東大震災によって焼失したという。事実であれば、間が悪いというも愚かな話である。

宇和島伊達家に数万点の伝来文書が汗牛充棟《かんぎゅうじゅうとう》★し、いまもって分析・研究の途上にあるのとはあまりにも対照的であるが、これが偽らざる実情である。

吉田伊達家の失われた墓所

宇和島伊達家、吉田伊達家の歴代藩主のうち、江戸在府中に没した藩主は江戸湾に臨む仏日山東禅寺（現・港区高輪）に埋葬された。東禅寺は妙心寺派の古刹《こさつ》で、

▼「落葉のはきよせ」
甲斐順宜著（大正十年＝一九二一刊）。

▼一炉に附せられ
文書類が焼却されたのは、八代藩主宗孝が佐幕派であり、後難をおそれたからとも考えられる。であれば、「心なき俗吏」とも断じられないが、委細は不明である。

▼汗牛充棟
車を引く牛は重さで汗をかき、家の中に積めば棟まで届くほどの書物、の意で、蔵書の多いこと。

東禅寺
幕末、イギリス公使館が置かれ、攘夷派の襲撃事件があったことで知られる

正式には海上禅林仏日山東禅興聖禅寺という。

国許《くにもと》吉田の伊達家菩提寺は妙心寺派の玉鳳山大乗寺である。吉田藩創草の頃、大乗寺は地域随一の名刹でありながら、堂宇は荒廃していた。宗純は陣屋町の建設と並行して領内の社寺を整備したが、その手始めとして万治元年（一六五八）、玉鳳山大乗寺を再建した。藩政がやや安定した延宝三年（一六七五）には、領内寺院総支配の格式を与えた。なお、大乗寺という寺号は宗純の戒名、大乗寺殿前朝散大夫工部鎮山宗護大居士に由来し、元は大光寺と称していたという。

宇和島伊達家の菩提寺である龍華山等覚寺、金剛山大隆寺と比べても、大乗寺はより荘厳華麗である。禅宗庭園の風致に富む庭も美しく、池の左奥に宝形《ほうぎょう》造りの経蔵《きょうぞう》を配して絶妙であり、訪れる者を京都の名刹にいるような錯覚に誘う。

惜しまれるのは、伊達家墓所（廟所）が旧態をとどめていないことである。

大正十年（一九二一）に刊行された「落葉のはきよせ」に、「(吉田伊達家は)年祭・月忌の奉供に薄く、代参すべき家従が廟所に意を払った形跡もなく、今や誰一人として参る者もなく、百花が石碑を覆い、落葉が路を埋めている」と著者の甲斐順宜が慨嘆している。明治以降、吉田伊達家は菩提寺を等閑《なおざり》にした★ようである。

昭和三十一年（一九五六）、大乗寺廟所の墓碑と二百有余を超える石灯籠が撤去され、墓所は昔日《せきじつ》の面影を完全に失った、と『吉田町誌』にある。信じ難いこと

大乗寺の庭園と経蔵

▼平成二十四年十二月二十四日、（著者は）東禅寺を訪ねた。住職によれば、吉田伊達家当主は毎年、東禅寺に墓参され、吉田の大乗寺にも墓参されているとのことであった。当主の紹介状が必要とのことで、墓碑を見ることはできなかった。

二十歳で卒去した二代宗保

だが、当時の吉田伊達家当主はこの挙にどう関わったのだろうか。昭和三十一年はさして昔のことではないが、何しろ吉田町民のほとんどは吉田伊達家の当主がどこでどうしているのか、知らない★のである。これは吉田伊達家の不思議の一つである。

　現在、大乗寺に残っている墓碑は、伊達宗純が建てた伊達秀宗供養碑（宮崎八郎兵衛ほか殉死者四名の供養碑を背後にしたがえる）、初代宗純の墓碑のみで、七代宗翰《むねもと》の墓碑が不完全な状態で残っているほか、撤去後数年を経て返還された三代村豊、宗翰夫人、村豊の父宗職《むねもと》の墓碑は、在りし日の一部に過ぎない。

　松山市で発見された二代宗保の墓碑は平成二十一年（二〇〇九）四月、大乗寺に返還され、本堂の脇に仮安置されていたが、平成二十五年二月、現在の墓所に移設された。

伊達宗保

生年：延宝元年四月十三日（一六七三年五月二十九日）
没年：元禄六年十月二日（一六九三年十月三十日）
実父：伊達宗純
生母：宗純側室於豊の方
正室：一関藩主田村建顕の長女於熊

▼宇和島では菩提寺の龍華山等覚寺、金剛山大隆寺を定期的に市民有志が清掃し、伊達家当主宗信氏が参加することもある。

旧墓所（『吉田町誌』より）

仮安置された宗保の墓碑

②村豊と元禄赤穂事件

十九歳の藩主左京亮宗春は院使饗応役を拝命する。勅使饗応役は浅野内匠頭。浅野が吉良義央に殿中刃傷、梶川与惣兵衛が組み留め、宗春も浅野を制止する。内匠頭は切腹、赤穂藩は断絶、宗春は大役を果たす。明暗を分けたものは何か?

伊達金之助、三代藩主に

三代藩主伊達村豊は、天和二年（一六八二）十一月八日、伊達刑部《ぎょうぶ》宗職《むねもと》の二男として宇和島城下の丸之内に生まれた。宗職は秀宗の子で、知行五百石の分家（御一門）である。生母は宗職の側室で宇和島藩士里見才兵衛の娘。名は伝わっていない。里見才兵衛は最上《もがみ》家牢人で、寛永五年（一六二八）、宇和島伊達家に知行二百石で召し抱えられた。

生母は金之助を産んだ後、冨永喜兵衛という家臣に嫁ぎ、吉田へ移って来た。喜兵衛没後は陽岩院と号し、延享三年（一七四六）十二月二十九日死去、大乗寺に埋葬された。村豊が五十六歳で没した後も十年余り生きていたことになる。冨永喜兵衛の出自、来歴は不明。

伊達宗職の墓碑（大乗寺）

前述したように、二代藩主宗保は元禄六年（一六九三）二月六日、仙台伊達家の内分大名《ないぶんだいみょう》である一関藩主田村建顕《たけあき》の長女熊姫（於熊）と結婚したが、まもなく病臥した。死病であったようで、急遽、金之助が養子に迎えられた。金之助の姉か妹にあたる於亀が宗純の養女に迎えられていた関係もあってか、養子の件は円滑に決まったようである。

十月二日、宗保が卒去すると、十一月（日不詳）、金之助主従は慌ただしく宇和島を出帆《しゅっぱん》、同月二十日に江戸に到着、南八丁堀の藩邸に入った。この時、金之助が於熊と対面したかどうかは定かではない。というのも、寡婦となった於熊は実家に戻った（時期不詳）からである。田村家には男子がなかったので、於熊に婿養子を迎え、養嗣子田村誠顕《のぶあき》が一関二代藩主となった。

十二月十五日、将軍綱吉に初めて御目見《おめみえ》、宗保遺品の刀・備前基光を献上。

翌る元禄七年七月二十五日、金之助は襲封したばかりの宇和島三代藩主宗昭（仙台三代藩主綱宗の子。のち宗贇《むねよし》）から麻布龍土の上屋敷《かみやしき》に招かれた。家督相続の祝宴である。宇和島伊達家に伝来する甲冑から推定すると、宗贇は身長一八〇センチ以上、胴回り一四〇センチ以上という力士並みの巨漢である。十一歳の金之助はさだめし目を丸くしたにちがいない。

元禄十年十二月十八日、伊達左京亮宗春となる。元禄十二年正月十八日、袖留により半元服。烏帽子親は伊達宗贇。元禄十三年四月十一日、前髪取により元服。

宗贇所用の鎧

宗贇の甲冑は三領あるが、平成二十一年（二〇〇九）、一領を修復する際に計測したところ、胴回り最大一五五センチ、胴と草摺部分の高さは八四センチあった。現代の服では六Lサイズ。これからすると、宗贇の身長は一八〇センチ、胴回り一四〇センチと推定される。腹部から下が裾広がりに大きいことからして、いわゆるアンコ型の力士のような体型である。宗贇の具足は現存する中で日本最大といわれる

（宇和島伊達文化保存会蔵）

宗春、十九歳で院使饗応役に

元禄十四年（一七〇一）二月四日、老中列座の江戸城帝鑑之間《ていかんのま》★――。

「此度《こたび》、吉田どのには永代橋火之番を御役御免。公家衆御馳走役に任ぜられた。公儀御大礼の儀なれば、別して恪勤《かくごん》なされますよう」

月番老中秋元但馬守の仰せ渡しを伊達左京亮は神妙に請けた。

仙洞御所《せんとうごしょ》（霊元《れいげん》上皇）の院使（仙洞使）は清閑寺前権大納言熙定《ひろさだ》。御馳走役が伊達左京亮宗春である。

東山天皇の勅使は武家伝奏の柳原前権大納言資廉《すけかど》と高野前権中納言保春。御馳走役は播州赤穂《あこう》藩主浅野内匠頭長矩《たくみのかみながのり》。

浅野と伊達の御取囃役《おとりはやしやく》（指南役）は、三月の月番高家《こうけ》★吉良上野介義央《こうずけのすけよしひさ》という。

土屋相模守が、

「吉田どのは初役でもあり、いまだ年歯《としは》少なければ何かとご苦労に存ずるが、御馳走役は名誉の御役にござる。万端、御取囃役の吉良少将のお指し添えにしたがい、首尾よう務められよ」

と声をかけた。

「なお吉良の少将は」稲葉丹後守が重ねて告げた、「正月十一日に年賀使として

▼帝鑑之間
将軍に拝謁する大名、旗本などの控えの間の一つ。

▼高家
朝廷や社寺との連絡調整、江戸城での儀式を担当する役職。

上京し、現在、御所に参内《さんだい》中である。少将が帰府されるまでは高家畠山民部大輔のお指図を仰がれるよう」

——伊達左京亮の御馳走役拝命を小説風に書けば、ほぼ右のようなしだいであったろうか。

浅野長矩の吉良への殿中刃傷《でんちゅうにんじょう》、長矩切腹と赤穂浅野家の断絶、大石良雄《よしたか》以下赤穂浪人四七名の吉良邸討ち入り、吉良家断絶と赤穂浪人四六名の切腹、という元禄赤穂事件のこれが始まりである。

勅使（天皇の使者）・院使（上皇の使者）の御馳走役とは、幕府の朝廷への年賀の答礼★として、毎年三月、朝廷の年頭勅使が江戸に下向するのを、江戸城での儀式典礼を司る高家の指導のもとに、大名が館伴《かんばん》（馳走・饗応・接待）にあたることである。

朝廷にとって年に一度の年頭勅使は、幕府との諸案件の直接交渉の機会でもあり、単なる儀礼的行事ではなかった。儀礼部分に関わる御馳走役は三万石から五万石の諸大名に命じられ、吉田藩では初代宗純が藩主在任三十四年間に三回、在任約二年の宗保が一回、この役を務めている。

宗春の満十九歳という年齢についても、先代宗保は満十八歳で、浅野長矩も満十五歳で院使御馳走役を拝命しているから、特に異例のことではない。このことからしても御馳走役は高家の指導や習礼《しゅうらい》（予行演習）に従いさえすれば、まず

▼答礼
この年の年頭勅使の日程は、
三月十日、品川宿に着き、止宿する——馳走大名はお出迎え。
十一日、宿所の伝奏屋敷に入る——馳走大名は同行、同宿。
十二日、登城して将軍に対し天皇家から年賀の辞——馳走大名同行、同席。
十三日、登城して能舞台で能楽の饗応——馳走大名同行、同席。
十四日、登城して将軍からの答礼の辞——馳走大名同行、同席。
十五日、増上寺、寛永寺へ参詣——馳走大名同行。
十七日、京都へ出発——馳走大名はお見送り。
というもので、ほぼ例年通りであり、江戸滞在は実質八日間であった。

失敗することのない役目であったとも考えられる。

浅野長矩の殿中刃傷

勅使下向の春弥生……元禄十四年（一七〇一）三月十四日、勅使馳走役の浅野内匠頭長矩が、高家指南役の吉良上野介に、江戸城松之廊下（付近）でいきなり斬りつけた。場所柄（江戸城内）も時節柄（儀式の途中）もわきまえず不届き至《し》極《ごく》、ということで即日切腹、赤穂浅野家は断絶した。

岩瀬文庫★に、その生涯に勅使を一五回も務めた柳原資廉《すけかど》の「関東下向道中記」が所蔵されている。資廉は殿中刃傷を、「馳走人浅野内匠乱気歟《か》　次ノ廊下ニテ吉良上野介ヲキル　大ニ騒動絶言語也」と書いている。

狼狽して儀典の中止を提案する老中に、資廉は中止には及ばないと答え、場所は予定の白書院から松之廊下を通らずに行ける黒書院に変更、儀式は粛々と執行された。血で穢《けが》れた畳が取り替えられたり、浅野の代役の戸田能登守忠真★が挨拶に来るなど、生々しい記録である。

他人事ではなかったはずの吉田藩であるが、「藤蔓延年譜」の記述は、「浅野内匠頭様と吉良上野介様に不慮之儀」があったので「内匠頭様御代り戸田能登守」が仰せ付けられ、「公家衆は十八日に御発駕し、二十九日に帰京された」とわず

▼**岩瀬文庫**
愛知県西尾市（吉良家の旧領でもある）にある古文書博物館。

▼**戸田能登守**
下総佐倉藩主戸田忠真。幕府寺社奉行を務めたことがあり、厳格公正であったという。秋元但馬守喬知の実弟。

かにこれだけである。

宇和島藩の「宗贇公御代記録書抜」はもう少し詳しい。

一、公家衆御礼役に浅野内匠頭様、左京亮様が仰せ付けられ、お勤めされていたところ、十四日に勅答の儀があり、御両人様は公家衆とともに御登城された。御白書院御廊下で吉良上野介様を内匠頭様がお切りになり、二太刀斬りかけたところ、三之丸御広敷御番人の梶川与惣兵衛★殿が組み留めた。京極対馬守様（京極高規。高家の一人）も出会われ、御両人で内匠頭様を制止し、小サ刀を取り上げた。上野介様はお倒れになったが、正気を取り戻すと、お屋敷にお帰りになった。内匠頭様はただちに田村右京太夫様へ御預けになり、切腹を仰せ付けられた。（内匠頭の）遺恨については不明である。内匠頭様の代わりに戸田能登守様が仰せ付けられた。

一、この事件に際し、左京亮様が「御首尾能く」勤められた旨（吉田藩から）報告があった。

後年になって編纂された記録であるから、このように簡潔に記されているのだが、もっと詳細であればと惜しまれる。

当時の慣例として、指導にあたる高家指南役には金品が贈られた。これを束《そく》脩《しゅう》という。当然の謝礼、いわば授業料であり、いわゆる賄賂《わいろ》とは異なる。しかしながら、浅野が賄賂を拒《こば》んだために吉良から種々の知らせをもらえず、何かと

▼**梶川与惣兵衛**　梶川頼照。大奥の留守居番。綱吉夫人の御台所鷹司信子付。梶川の手記には、高家衆、伊達左京亮、茶坊主が浅野を制止したとある。

失敗が続き、吉良が浅野の面前で「内匠頭は万事不調法で、言うべき言葉もない。公家衆も別してご不快である」と老中に苦言、面目を失った浅野が吉良を斬った、というような風評は事件直後から囁かれていた。

事件の百数年後に編纂された「徳川実紀★」も刃傷の原因を賄賂であるとしている。編纂当時の通説に基づいたものであるが、以後これが定説とみなされ、後世の創作に大きな影響を与えた。

伊達村豊は、吉田町では「忠臣蔵の殿様」として有名である。とはいえ、「吝《け》嗇《ち》な浅野内匠頭は吉良上野介への賄賂を鰹節《かつおぶし》で済ませたが、吉田の殿様は賄賂を惜しまなかったので無事に勤めを果たすことができた」というような伝承・口碑の域を出ない。

吉田に浅野と吉良の対立に関する記録は一片も残っていない。宗春の立場であれば、当事者ならではの見聞があり、吉良への束脩の内容、饗応の日々の記録、館伴の決算書などが残っていれば、事件の解明に裨益《ひえき》するところ大なるものがあっただろう。

赤穂事件の最大の謎は殿中刃傷の理由が不明なことであるが、浅野は老中の存《ぞん》念《ねん》糺《ただ》し（事情聴取）に対し、「私の宿意《しゅくい》（私怨、遺恨）により」吉良を斬ったと証言したものの、遺恨の内容については口を緘《かん》した。一方、吉良は「恨まれる覚えはない。浅野の乱心であろう」と主張するばかり。聴取はそれで打ち切られた。

▼「徳川実紀」
徳川幕府の公式記録。文化六年（一八〇九）に起稿、嘉永二年（一八四九）に擱筆し、十二代将軍家慶に献上された。

浅野は即日切腹。死人に口なし、刃傷の理由は闇に葬られた。よりにもよって殿中での大切な儀典の最中の、馳走大名の高家への殺人未遂である。前代未聞の大失態★に、幕府としたら理由をあれこれ詮索する余裕はなかった。

綱吉は公家衆の手前があって処分を急いだのである。おりから綱吉は生母桂昌院★の従一位昇位を朝廷に願い出ており、朝廷の機嫌を損なわぬよう処分を即断即決したともいわれる。浅野の犯行動機が不明であるがゆえに、今日なお新機軸・新解釈・新視点を謳った忠臣蔵小説は枚挙《まいきょ》に遑《いとま》がなく、研究書も次々と上梓されている。動機が、近年の精神病理説のような興ざめなものであれば、ここまでのことはなかったであろう。

田村邸での切腹

浅野は江戸城の平川門から出て、芝愛宕下《あたごした》（現・新橋四丁目付近）の田村右京太夫建顕《たけあき》邸に護送された。斬りつけたのが午前十一時過ぎ、田村邸にお預けの決定があったのが午後一時頃、平川門を出たのが午後三時頃である。平川門は不浄門ともいい、城中を血で穢した者や罪人はこの門から出された。負傷した吉良もそうである。「絵島生島《いくしま》事件」の大奥年寄絵島もこの門から出された。

浅野の切腹執行は午後六時頃。わずか数時間で切腹の支度をしなければならな

▼
三月二十一日に事件の概要を知った公卿の久我通誠（こがみちとも）は「去る十四日、江戸城中において吉良上野介浅野内匠頭有喧嘩」、「稀代珍事（大事件）也」と感想を記している。

▼桂昌院
京都堀川の八百屋の娘であったが、三代将軍家光に寵愛され、二十歳で綱吉を生んだ。家光の死に際し、桂昌院となる。綱吉が将軍になると三之丸に入り、大奥に絶大な権力を揮った。元禄十五年三月、七十六歳の時、従一位という異例の高位に叙せられた。

平川門

かった田村邸の混乱は想像に余りある。

浅野長矩のお預けが田村建顕に命じられた理由は判然としない。書画、茶道、能、和歌、箏を能くし、何より頭脳明晰な建顕は、平和と秩序を重んじる文治将軍綱吉に気に入られ、奏者番として出精していた。事件発生後、江戸城に詰めていた田村建顕は、田村家と浅野家との縁戚関係がないことを確認の上、土屋相模守から浅野長矩預かりを命じられた。

憶測に過ぎないが、田村建顕四十五歳は庶幾《ちか》しい親戚である伊達宗春十九歳を心配し、あるいは刃傷の事情を聴きたいと考えて城中に残っていたのではないか。建顕は柳之間で興奮冷めやらぬ宗春と談論していたかもしれない。

浅野長矩は田村邸の屋敷内ではなく、庭で切腹させられた。仮にも五万石大名を庭で粗末に切腹させた、ということで田村建顕は評判の悪い殿様である。庭前《にわさき》での切腹についてはさまざまな話が伝わるが、幕府目付の指示によるものである。

綱吉の使者として田村邸に遣わされたのは正使として大目付庄田下総守、副使として目付大久保権左衛門、多門《おかど》伝八郎の三人である。田村家の記録では、切腹を命じられた浅野は「今日の不調法な行動は、いかなる厳罰に処せられても当然のところ、切腹を命じていただき感謝します」と答えたという。

多門伝八郎の覚書によると、長矩の側用人片岡源五右衛門が、田村邸にやってきて主君と別れがしたいと懇願、田村の家臣が冷たく断るが、伝八郎が同情して許したことになっている。片岡源五右衛門の暇乞いは、映画やテレビドラマの名場面の一つであるが、多門の創作である。

多門が庭での切腹に猛反対したが、庄田下総守に押し切られたという記述もある。これも疑わしいが、後日、庄田下総守が大目付を免職になっているのは事実である。

風さそふ花よりもなをわれはまた春の名残りをいかにとかせむ

という長矩の辞世はあまりにも有名であるが、これも多門の創作と考えられている。

浅野が家臣に手紙を書きたいと申し出たが、田村家に断わられたので、それではと寵臣の片岡源五右衛門と磯貝十郎左衛門に伝言を頼んだ。この一件は事実らしい。伝言は、「此段、兼ねて知らせ申すべく候えども、今日やむを得ざる事故、知らせ申さず候。不審に存ずべく候」というものである。意訳すれば「吉良を切ることを前もって伝えておけばよかったが、我慢できないので今日やってしまった。さぞびっくりしただろう」ということになろうか。

予算衝突説の信憑性

吉良と浅野の対立の原因として予算衝突説がある。浅野が一二〇〇両を必要とする接待費用を七〇〇両とし、この額に難色を示した吉良と対立したというのである。三田村鳶魚《みたむらえんぎょ》が紹介したこの説★は多くの支持を得ている。

鳶魚は、幕末から明治にかけての漢学者小宮山南梁の説を紹介したに過ぎない。小宮山南梁が根拠としたのは、水間沾徳《みずませんとく》の「沾徳随筆」の中にある「浅野氏滅亡之濫觴《らんしょう》」という一文と思われる。水間沾徳は著名な俳人である。子葉と号する俳人でもあった浪士大高源吾ら（ほかに冨森助右衛門、神崎与五郎、茅野和助）の師匠でもあった。

沾徳はこう書いている。

二月四日、内匠頭が老中から勅使饗応役を申し渡された際、毎年饗応役の接待費用が嵩《かさ》んでいるので、華美を避け、経費を節減するよう申し添えられた。老中の申し添えは毎年の決まり文句に過ぎなかったが、浅野は馬鹿正直に経費を節減することにし、高家畠山民部に相談した。「そういうことであればそうなさるがよろしかろう」と畠山民部は曖昧《あいまい》な返事をした。三月になって月番高家の吉良に予算額を提示したところ、吉良は反対し、両者は不和となった。以後、行事に関する吉良の指示が万事突然であったりするので、浅野は何かと失敗するようになり、我慢できなくなって刃傷に及んだ。

いかにもありそうな話ではあるが、一二〇〇両とか七〇〇両という具体的な数字は出ていない。

▼三田村鳶魚『横から見た赤穂義士』昭和五年六月、民友社刊。

片々《へんぺん》たる藩史ではあるが、勅使・院使の饗応役を務める機会が多かった吉田藩だけに、「藤蔓延年譜」には経費の総額を明記した箇所がある。

宝暦十四年（一七六四）の勅使接待費用として、

「御入用金高五千九百五十七両三分余　内公儀より八百五十両と料理人代十三両一分　米十五石六斗代十七両二歩余」

明和五年（一七六八）の勅使接待費用として、

「御入用金高四千六百両余　内公儀より八百四十両と料理人代十三両三分　米十五石四斗代十八両二歩十二匁」

という記述がそれである。

物価変動を考慮しても、一二〇〇両とか七〇〇両は、五九五七両あるいは四六〇〇両とあまりにかけ離れている。また、幕府から補助金のようなものが出ているのに注目したい。接待費用は大名の全額負担というのがほぼ定説になっているからである。

料理人代というのも興味深いが、米代を公家衆一行全員の食費と考えると、江戸時代の藩士の給与の積算基礎が一人に一日米五合であるから、米十五石を公家衆滞在日数の八日、一日五合で逆算すると三七五人分になる。御入用金約六〇〇〇両は、仮に一両を六万円で換算すると三億六〇〇〇万円である。一行の滞在日数を八日、総勢三七五人とすると、一泊につき一人あたり一二万円になる。七百両であれば一万四〇〇〇円。

以上は机上の試算に過ぎない。あえて試算してみたのは、おびただしい赤穂事件関連本の中に、年賀使一行の規模（人数）について言及したものがほとんど見あたらないからである。実際、公家衆下向の行列場面や、宿所での接待のようすを描いた小説を読んだ記憶がない。映画やテレビドラマでもそうである。わからないから描けない、というのが実情であろう。

管見では、「江戸時代における年頭勅使の関東下向」という平井誠二氏の論文★があるのみである。平井論文によれば、

• 享保十年（一七二五）の年賀使の総人数が五〇二名、同十一年が六一二名。行列は東海道を十三日間かけてゆるゆると進み、大行列であるため、伝馬（宿駅での馬の乗り継ぎ）や休泊の宿の先触《さきぶれ》（先行手配）を必要とした（伝馬一四疋、伝馬触に人足一七人を徴用した記録がある）。
• 勅使一行が通過する大名家は道々を清掃し、警備を厳重にし、足軽を案内に立てるなど、送迎に細心の注意を払った。参勤交代で道中する大名は勅使一行と出くわさないよう退避した。（運悪く）遭遇あるいは同宿した時の心得を幕府に問い合わせ、その万全を期した。それほどにも大名は「勅の威、関東（幕府）の御権勢」に気を使った。
• 宿泊施設は幕府から辰ノ口の伝奏屋敷★が提供されたが、伝奏屋敷に宿泊するの

▼**論文**
『大倉山論集　第二十三輯』（昭和六十三年三月二十一日発行　(財)大倉精神文化研究所）所収。

▼**伝奏屋敷**
伝奏屋敷は現在の丸之内一丁目付近、辰ノ口（龍口）にあった。寛永十二年、高家の吉良義冬邸を移転させ、その跡地に設けて勅使・院使の宿舎とした。敷地三五三九坪、御殿三棟四〇〇坪、長屋三六七坪、小屋一〇〇坪。馳走大名は調度品、寝具、食器等を搬入し、宿泊して接待につとめた。

は勅使・院使ら正式な使者の一行のみで、同行してきたその他の公家衆には別に宿所が用意された。

•馳走大名は山海の珍味を提供するのはもちろん、自ら食後の御膳を検分して好き嫌いを判断し、公家はもちろん小禄の青侍にいたるまで言葉遣いもへりくだり、昼夜ご機嫌を伺い、起居・飲食・入浴等に心を尽くして饗応した。

ということであり、馳走役はやはり大役といわねばならず、多額の経費を要したことも窺われる。

筆者は公家衆一行の実態を知ることが赤穂事件研究の前提であると考えるが、諸書がこれに意を須《もち》いていないのは不可解である。また、接待経費の使途が明確にされないのでは、予算衝突説もおいそれと信じるわけにはいかない。そもそも高家指南役は馳走大名の予算措置にまで容喙《ようかい》したのだろうか。

根拠のない諸説

浅野刃傷の謎を考察するのは本書の目的ではないが、一応、諸説について言及しておく。自由な作話《さくわ》である「仮名手本忠臣蔵」は論外として、大紋長袴《だいもんながばかま》と継裃《つぎかみしも》の衣裳誤認事件、増上寺の畳替え事件、墨絵叱責事件、精進料理叱責事件など、小説、映画、テレビドラマなどで描かれてきた吉良のさまざまな嫌がらせは後世の創作である。

もっともらしい塩田《えんでん》遺恨説というものがある。吉良が浅野に赤穂の製塩技術を訊ねたところ、浅野が断ったため、吉良が憎んで苛《いじ》めたとする説である。三河吉良の製塩の中心地が吉良領ではなく隣の三河吉田藩領であること、事件当時の吉良領内の年貢に塩を示すものが含まれていないことから、この説はほぼ否定されている。何より、赤穂に門外不出の製塩技術があったとも思えない。後年のことではあるが、赤穂に製塩技術を学びにいったという宇和島藩の記録がある。

痞《つかえ》★という持病が連日の激務により悪化して暴発したという説、統合障害による発作的犯行説なども近年になって唱えられ、浅野には遺恨など初めからなかったとする偶発説とも結びつけられている。これらは推理・憶測に過ぎない。

陰湿な嫌がらせがあったかどうかはともかく、吉良が浅野に居丈高《いたけだか》であったことは以下から類推できる。

高家肝煎《きもいり》（いわゆる高家筆頭）吉良義央の禄高は四千二百石に過ぎない。しかしその官位は二十三歳で従四位上侍従、四十歳にして高家の極官（最高位）である従四位上左近衛権少将であり、石高に比して官位が著しく高い。事件当時、国持格（準国主）の宇和島藩主伊達宗贇《むねよし》は従四位下遠江守、伊達宗春が従五位下左京亮、浅野長矩も従五位下内匠頭である。

将軍拝謁の序列も高位にあり、御三家、御家門、その舎弟を除けば、吉良の席

▼痞
一般に胸腹部に不快感、疼痛を発症する病気であるが、浅野の痞は偏頭痛・緊張性頭痛であるとの憶説もある。

次はほとんどの諸大名を圧倒していた。その姻戚関係も、将軍家、紀州徳川家、老中酒井家、島津家、津軽家、大炊御門《おおいみかど》家と華麗である。

幕府の高官で名門意識の強い吉良が、饗応役を務める小藩の大名に傲岸《ごうがん》であったとしても不思議はない。そして、そのことで憎まれたということは充分に考えられる。

三田村鳶魚が百年以上も前に発表した「口碑に存せる吉良義央《よしなか》」（明治四十一年（一九〇八）五月十五日『日本及び日本人』所収）の、

「幕府の大礼ごとに、義央の参与せざるはなく、その礼典を承る諸侯に、指南番として有職故実を教え、僅かに四千二百石の義央の前に、列侯の躬を拝伏せしめしが、ようやく義央の倨傲尊大の気風を増長し、到底長矩の刃傷を出来せしむる開端となれり」

この一節は核心をついており、後世の研究もこれの屋上屋《おくじょうおく》の感がある。

討ち入り浪士の一人である堀部弥兵衛は、「吉良が伝奏屋敷でいろいろな悪口（「品々悪口」）をいい、（浅野は）御役目大切と堪忍したが、殿中において人前が立たないような悪口を諸人の前でいわれた（ので刃傷した）」と私記に書いている。本人の証言通り、浅野には吉良に何らかの堪えがたい遺恨があり、一命を捨て、一家を捨てての殿中刃傷に及んだのである。

浅野と伊達の不通原因説

病気説に続く近年の新説として、伊達と浅野の不通を原因とするものがある。「不通」とは大名間の絶交状態、冷戦状態をいう。不通の大名は江戸城で顔を合わせても互いに無視し、挨拶もしない。逆に、大名同士が親しく交際する関係を「通路」という。松方冬子氏が「『不通』と『通路』―大名の交際に関する一考察」(『日本歴史』第五五八号、一九九四年十一月号)において、季節の贈答をしたり、互いに往《い》き来したりする「通路」の関係にあった大名家がある一方、通路しない「不通」の大名家があったことを紹介し、歴史家(と歴史愛好家)の間に知られるようになった。

大名同士の親戚関係ないしは親戚同様に交際することを「両敬」という。宇和島伊達家の記録にも「両敬」という言葉が出てくるし、宇和島伊達家と親戚関係にあった松代藩真田家には「両敬帳」数冊が残っている。当然、両敬の大名家は時代が下るにつれて増えていった。婚姻による自然増である。「両敬」と「通路」は必ずしも同義語ではないようだが、ここでは深入りしない。

さらに松方氏は、「浅野家と伊達家の和睦の試みとその失敗―正徳期における近世大名社会の一断面」(『日本歴史』第六一七号　一九九九年十月号)において、仙台伊達家と姻戚関係にある元老中の稲葉正往《まさゆき》と幕府大学頭《だいがくのかみ》林信篤《のぶあつ》が相談し、長く不通の関係にある仙台藩伊達家と広島藩浅野家の和睦を斡旋、失敗に終わったことを紹介している。

伊達と浅野の敵対は桃山時代に遡り、文禄五年（一五九六）八月、伊達政宗が秀吉の取次役である浅野長政に一一カ条の絶交状★を叩きつけたことが発端である。

正徳二年（一七一二）十一月二十三日、稲葉正往と林信篤は、百十六年に及ぶ両家の不通を解消すべく、稲葉が伊達に、林が浅野に和睦の説得を試みた。翌年の二月まで何度も説得が行われたが、結果は不調に終わった。

仙台藩主伊達吉村、広島藩主浅野吉長、いずれも藩祖の志を無にするのは不孝にあたるのではないかと案じつつも、大筋では和睦★に前向きであった。しかし、藩祖政宗の遺恨を尊重する仙台国許の奉行衆（家老）の反対によって成立をみなかった。

稲葉と林が両家の不通解消を思い立った一因として、十一年前の赤穂事件があったと想像できなくもない。稲葉は事件当時の老中であったし、浪士に名誉の切腹を賜るべしと綱吉に進言したのが林だからである。

浅野長矩と伊達宗春は不通を理由に互いに口も利かなかった、口も利かない同士が役目を共有したので何かと不都合が生じた、たまりかねた吉良が、「赤穂殿、吉田殿、御両家の不通は承知しておるが、ここは御役目専一、別して仲良うされ

▼絶交状
その内容は、
一、小田原攻めに参陣した際、浅野弾正少弼の指図にて全領地を進上するとの書状を書かせたあげく、その書状をいまだに返さない。
二、朝鮮の晋州城攻めの際、浅野弾正の命により軍を退いたところ、臆病のそしりを受けた。
三、そのことで太閤の勘気にふれたが、浅野はいっこうにとりなしをしなかった。
四、朝鮮出兵の際、支給された扶持米を伊達の陣に分配しなかった。
五、関白秀次処分の時、早くに上洛していたにもかかわらず、遅参した浅野が、遅参の理由を（政宗に）転嫁した。
六、そのことで秀次との共謀を疑われたが、浅野は何ら弁護しなかった。
七、関白処分後、晴れて帰国の際、浅野が理不尽ないいがかりをつけてきた。
八、浅野が（政宗と）不仲の木村伊勢守(吉清)と昵懇(じっこん)にしていた。
九、不仲の蒲生（がもう）参議（氏郷）と浅野が昵懇にしていた。
一〇、家臣が木下若狭守（勝俊）の家臣に殺された時、とりなしの依頼に浅野が応じなかった。このため天下の笑い者になり、家臣への面目も丸潰

よ」と叱責した、これが浅野の遺恨の原因になった、というのであれば旧来の諸説を覆すに足るが、そのような史料はない。

　松方論文によると、「和睦すれば幕府公役《くやく》で相役《あいやく》になった場合好都合ではないか」という稲葉の説得に対し、「相役になっても、その時だけ必要に応じて相談するから心配御無用」と伊達家は答えている。浅野長矩と伊達宗春が口も利かなかったとは断定できないのである。「二月四日、殿様が院使馳走人を命じられた。勅使馳走人は赤穂浅野殿、互《かた》みに不通である。先行きが案じられる」というような文書が残っていない以上、不通原因説は松方論文を拡大歪曲した虚説といわざるを得ない。

　幕府が不通同士の大名を饗応役に任命したのは、不通が役目の支障になるとは考えていなかったからか？　あるいは幕府は浅野と伊達の不通を知らずに任命したのか？　不通は支藩・分家にも及んでいたのか？　そもそも幕府の誰々が任命したのか？　これらが闡明《せんめい》されない限り、不通原因説は信じるに足りない。

　なお、松方論文は赤穂事件には一言《いちごん》半句もふれていない。

宗春の描かれ方

吉良がどのような人物であれ、若年ながら伊達左京亮は役目をきちんと果たし、

れになった。
というものである。「この書状を太閤秀吉に見せてもいっこうにかまわぬ」と末尾に書き添えてあったので、一一カ条の絶縁状という。

▼和睦
平成六年（一九九四）、仙台伊達家と浅野宗家の当主が宮城県松島の観瀾亭（政宗が秀吉から拝領した茶室）で茶事を催し、絶交状から三百九十八年を経て正式に和睦し、話題になった。この行為を批判する歴史学者もいた。

三十代半ばの浅野内匠頭は最悪の結果を招いた。このことから、伊達宗春は吉良に阿諛追従《あゆついしょう》する、若さに似ぬ老獪《ろうかい》な贈賄大名のように描かれることがある。浅野が吉良への進物《しんもつ》を鰹節三連★で済ませ、伊達は黄金一〇〇枚★、加賀絹数巻、狩野探幽筆の龍虎図を奮発した、というような俗説によって伊達宗春は好意的に描かれることが少ない。

歌舞伎「仮名手本忠臣蔵」の桃井若狭之助安近《もものいわかさのすけやすちか》を伊達左京亮宗春に擬するむきがある。伯州城主塩冶判官《えんやはんがん》高貞（＝浅野長矩）と同じ饗応役であるし、伊達左京亮はのちに伊達若狭守（吉田藩主は若狭守に任官されることが多かった）となるので、若狭之助は若狭守に由来すると考えられる。

劇中の桃井若狭之助は、正義感が強い、一本気な人物で、好色・強欲で何かと若狭之助を苛める鎌倉幕府執事の武蔵守高師直《こうのもろのう》（＝吉良義央）を、世のため人のために斬る決心（仮名手本忠臣蔵二段目、松切りの場）をする。これを若狭之助の家老の加古川本蔵行国《かこがわほんぞうゆきくに》が師直に賄賂を贈って回避するという話になっている。これからすると、伊達宗春がモデルとは言い難い。

賄賂で態度を一変した師直は、塩冶判官に矛先を向ける。判官の妻で絶世の美女顔世御前《かおよごぜん》に袖にされた意趣返しもあって「貴様は鮒だ、鮒だ、鮒侍だ」と罵詈雑言の限りを尽くし、堪忍袋の緒が切れた塩冶判官に斬られる。

元禄十一年（一六九八）、津和野藩主亀井隠岐守茲親《これちか》が勅使御馳走役を務めた時、

▼鰹節三連
古来、鰹節一連とは藁縄で結んだ一〇本のことをいうが、江戸時代、雄節（背の部分）・雌節（腹の部分）の一対（二本）を一連ともいった。

▼黄金一〇〇枚
黄金とは大判のことで、大判一枚は一〇両。黄金一〇〇枚は一〇〇〇両。

豊国筆「忠臣蔵大序其三・桃井若狭之助」

吉良にさんざん苛められ、ついに殺害を決意するが、家老の多胡真蔭《さねかげ》（通称は外《げ》記《き》）が納戸金《なんど》★から金を都合し、源氏巻という菓子として吉良邸に持参し、ことなきを得たという話がある。このことから、桃井若狭之助を亀井茲親、加古川本蔵を多胡真蔭に擬することも多く、「仮名手本忠臣蔵」の筋書きとも符合する。しかし、源氏巻の一件は後世の創作である。

なお、吉田藩邸は津和野藩邸に隣接していた。南八丁堀（のちの木挽町、現在の銀座一丁目付近）の藩邸は総面積五一七九坪という広大なもので、三方を水路に囲まれていた。津和野藩邸はその南にあった。現在、築地一丁目と銀座二丁目の間に首都高速道路環状線があり、橋が架かっている。これを亀井橋という。亀井公園も隣接し、いずれも亀井家に由来する。亀井橋は江戸時代には合引橋、幽霊橋とも呼ばれた。吉田藩邸から流れて築地川（現在はない）に落ちる水路に架かっていたので、伊達橋という別名もあったという。

伊達宗春は政宗の曾孫である。若年にしてそつなく役目を果たしたのは独眼竜政宗のDNAの賜物であろうか。なお、地元の吉田町では「家老荻野七郎兵衛以下江戸の家臣の働きがよかった」というのがほぼ定説になっている。また、吉田藩御用達の京都の呉服商笹屋半四郎が、朝廷の故事先例に通じており、笹屋★の助言があったともいう。

▼**納戸金**
大名などの奥向きの金。

亀井橋

▼**笹屋**
笹屋半四郎は、宇和島藩・吉田藩から黒田半四郎の名字帯刀を許され、現在も京都西陣の老舗として盛業している。

③

村豊の苦難の治政

左京亮宗春は毎年の幕府公役のほか、江戸屋敷の火災、吉田大地震に見舞われる。宗春改め和泉守成任の時代、毎年の風水害、将軍吉宗の上米制により財政は逼迫。成任改め村豊、吉田大洪水と享保の飢饉後、四十四年の苦難の藩主生活を終える。

左京亮宗春、和泉守成任となる

元禄十四年（一七〇一）の夏、大石良雄が山科《やましな》に閑居した頃、宇和島では日照りが続き、宇和島藩は二万石を損耗《そんもう》した。秋には洪水によって一万石を減収した。記録は残っていないが、吉田藩にも被害があったと考えられる。元禄十五年二月十一日、四谷より出火、藩邸に類焼した。江戸屋敷のある南八丁堀は町人町に近かったため、しばしば火災に遭った。

元禄十五年六月二十七日、伊達宗春と譜代大名の浜松藩（五万石）三代藩主青山下野守忠重の娘（名は不明）との縁組が許され、七月六日、結納の儀があった。結婚は宝永二年（一七〇五）六月一日で、結納から結婚まで二年余の期間がある。結納後まもなく青山忠重が丹波亀山藩（五万石）に移封されたのがその原因であろうか。夫人は正徳四年（一七一四）三月十四日、子のないまま卒去し、東禅寺に葬られた。以後、宗春は継室を迎えていない。

十二月十九日（赤穂浪士の吉良邸討ち入りの五日後）、吉田藩江戸屋敷に係る三方相対替《さんぽうあいたいがえ》★があった。

元禄十六年（一七〇三）二月四日、赤穂浪人が切腹した。同日、吉良左兵衛義周《よしちか》が領地没収の上、諏訪藩諏訪忠虎に預けられた。義周は上杉家に生まれた上野介の孫であるが、男子が早世した上野介の養嗣子に迎えられ、刃傷事件後は吉良家の当主となっていた。左兵衛義周は諏訪藩にお預けの三年後、二十一歳で病死した。諏訪藩主諏訪忠虎は、吉田四代藩主村信の正室於栄の実父である。

宗春は吉良邸討ち入りも、浪士の切腹も江戸でその報に接しているが、事件当事者としてどのような感懐をいだいたか、残念ながら一片の記録も残っていない。

翌る宝永元年（一七〇四）三月十四日、宗春は登城し、五月に将軍家法事のため下向する公家衆の馳走役を命じられた。この日、奥州様（仙台五代藩主伊達吉村）から家督相続の祝いに招かれた。五月二十八日、初めて帰国（交代）が許され、六月十五日江戸を出発、七月十日、吉田に到着した。

宝永四年（一七〇七）十月二日、吉田に大地震があり、御殿が破損し、津波が押し寄せて本町の半ばまで潮が上がった。宝永五年十月、吉田で伊達宗純が、十二月、宇和島で伊達宗利が卒去。

▼三方相対替
「八丁堀松崎権左衛門（御書院番酒井壱岐守様組。高千石松崎忠延）の屋敷から六百坪が伊達左京之亮へ。白金吉田藩下屋敷から六百坪が田村主馬（幕府寄合田村顕普）へ。本所田村主馬屋敷から七百坪が松崎権左衛門へ」というものである。

宝永六年十月、公家衆御門跡馳走役。翌年五月、智恩院御門跡馳走役。翌々年正徳元年（一七一一）十月、朝鮮使節の応接（淀から江戸までの道中に馬四疋を供出）を命じられた。この年、三代藩主伊達宗贇《むねよし》が卒去し、実子の村年が宇和島藩を襲封した。正徳二年四月十一日、徳川家宣から領地朱印状が下された。宛名は「伊達左京亮とのへ」である。翌年四月十八日、向こう一年間、常盤橋御門番を命じられた。相役は京極甲斐守（但馬《たじま》豊岡藩主京極高住《たかすみ》）である。八月十五日、官名を和泉守と改めた。

正徳五年五月二十一日、伊香保温泉への「三廻《みまわり》」を御用番松平信庸《のぶつね》（丹波篠山藩主）に申請、二十九日に許可された。灸や湯治では治療日数七日間を「一《ひと》廻《まわり》」としたので、「三廻」は二十一日間である。宗春一行は六月三日に江戸を出発し、六日に伊香保に到着、二十六日に藩邸に帰った。

享保元年（一七一六）、宗春は名を成任《しげとう》と改めた。徳川吉宗が新将軍となったため、「公儀御障《おんさわり》」につき宗の一字を遠慮したのである。五月二十七日に改名し、六月十九日に公儀に届けた。翌年正月二十二日、小石川より出火、上屋敷に類焼した。四月三日、江戸に参勤した伊達成任はやむなく下屋敷に入った。八月十一日、将軍吉宗から「伊達和泉守とのへ」領地朱印状。

享保三年三月十九日、法事につき下向する公家衆の馳走役を命じられた。五月一日、上屋敷の一部と添屋敷が焼失した。享保四年十月、朝鮮使節応接。享保六

成任・黒印

年正月八日、呉服町新道から出火、西風に煽られ、上屋敷と添屋敷に類焼した。長屋は無事だった。三月一日、参勤出発まもない宗春（成任）一行は、「(屋敷焼失により）八月まで参府を用捨《ようしゃ》（免除）」との幕府通達を伊予灘の寄港地喜木津《ききつ》で知り、吉田に引き返した。

和泉守成任、若狭守村豊となる

享保七年（一七二二）七月三日、大名総登城。在国・在邑《ざいゆう》の大名、幼少・病気の大名は代理が伺候《しこう》した。高一万石につき米百石を上納するよう、という将軍吉宗の書付が読み上げられた。幕府の財政赤字補塡《ほてん》のために導入された制度である。

これに伴い、吉宗は参勤交代を半年在府、一年半在国に緩和した。三月に参府して九月に交代（帰国）するものと、九月に参府して翌年三月に交代するものに分け、全体で四組に編成した。この結果、常に江戸で越年する組、常に国許で越年する組に分かれ、それまでは東西大名の参勤交代時期を調整することで、全大名を一堂に集めることができたが、これは不可能となった。

在府期間の短縮は諸大名の江戸滞在経費を軽減するものであるが、その代償である上米《あげまい》は諸藩にとって手痛い出費であった。一万石につき米百石は一パーセントに過ぎないが、確実に履行しなくてはならない公役であり、慢性的な財政難に悩む諸藩にとっては重い負担となった。この制度（享保の改革）は享保十五年四月、幕府の財政好転を理由に廃止され、参勤交代も東西大名の毎年交代、隔年参府の旧態に復した。

享保八年、伊達成任は九月に参勤し、翌年三月まで在府した。この間、常盤橋御門番を命じられた。相役は松平豊後守。

享保九年九月、隣家の新庄直矢《なおとし》の屋敷から出火、上屋敷に類焼した。享保十年六月二日、上屋敷類焼により「御上納米を御用捨」された。八月五日吉田出帆、九月一日着府。十二月二日、三河藩主水野忠之が和泉守となったため、和泉守を若狭守と改めた。同月十六日、吉田の損耗石高を六千七百石と幕府に届けた。

享保十一年三月五日、成任は村豊と改名した。一般に、吉田三代藩主といえば伊達村豊である。三月二十六日江戸出発、四月二日吉田着。九月二十六日、上納米百五十石分を一三七両銀八匁六分で納付。十二月二十四日、損耗石高を七千二百石と届けた。

享保十二年三月二十六日、上納米代金一二〇両を納付。十二月十三日、神田橋御門番を命じられる。相役は九鬼丹後守隆抵《たかやす》。十二月二十三日、損耗高を三千九百石と届けた。享保十三年三月二十七日、当春は上納米を米で納めよとのことで、浅草御蔵へ納めた。五月十七日、日光参詣のため発駕《ほつが》、二十三日に帰府した。六月一日江戸を出発、二十四日吉田着。九月二十六日、上納米代金一〇七両銀八匁

村豊・黒印

村豊筆の山水画
（佐川晃氏蔵）

六分を納付。

享保十四年三月三十日、上納米を浅草御蔵へ納めた。八月一日吉田を出発、二十七日江戸着府。九月十八日、再び神田橋御門番を拝命、相役は九鬼隆抵。吉田で九月十一日、大洪水があり、御用番松平乗邑《のりさと》宛の被害届は、

「私領分伊予国吉田、九月十一日午の刻より雨降り、酉の刻より雨激しく、戌の刻より雷強く、川は満水して堤は切れ、洪水で家中を破損しました。

一、侍屋敷、足軽の家は多数が大破あるいは流失しました。一、米蔵一カ所浸水し、米一〇〇俵が濡れました。一、堤の決壊は八〇間余り。一、増水の水位は一丈余り。陸地の浸水は七尺余り。一、溺死は男七人女三人。一、流されて死んだ馬一疋（以下、略）」

というものである。この災害により、藩は家中に御《お》救米《すくいまい》（量は不詳）を配布した。享保十五年四月七日発駕、五月一日在着。同年四月十五日、大名総登城し、「御上納米御免　御参勤御交代前々之通」が伝えられた。

享保の大飢饉後に村豊卒す

享保十七年（一七三二）、西日本一帯に発生した大飢饉は、一一カ国三九藩の飢《う》え人《にん》九七万人、餓死者七四四八人、斃死《へいし》牛馬一二三五三匹という前例のないものであ

った。特に伊予の被害は甚大で、前年の冬以来の天候不順、春の長雨による水害だけでなく、稲の裏作である麦に赤黴病《あかかびびょう》が蔓延し、これを食料源とする農民は大打撃★を受けた。六月と七月、西日本に稲虫（ウンカ）が大発生し、出穂《しゅっすい》した稲はわずか数日で全滅した。

幕府へ報告された被害状況は、吉田藩、大洲藩、松山藩、今治藩が稲の生育皆無とし、西条藩は八〇パーセント損耗、宇和島藩も「残所二、三分（二〇～三〇パーセント）という惨状だった。各藩の取箇《とりか》（年貢収納率）も、例年比（過去五年間の平均）で吉田藩二五・五パーセント、西条藩五〇パーセント、大洲藩三四・九パーセント、今治藩一六・三パーセント、宇和島藩一〇・四パーセント、松山藩は〇パーセントであった。伊予八藩の飢人は、吉田藩二万四六〇〇、西条藩二万二七〇〇人、小松藩五四〇〇人、今治藩二万六六〇〇人、松山藩九万四八〇〇人、大洲藩四万三〇〇〇人、新谷藩六三〇〇人、宇和島藩五万七〇〇〇人、合計二八万四〇〇〇人。伊予の人口約五〇万人の半数以上が飢人になったことになる。ただし、幕府への御願米（有料）を見込んで水増し報告をしている藩（西条、小松、今治）もある。餓死者を出したのは松山藩と今治藩で、特に松山藩の五七〇五人は全国一万二一七二人の四六・八パーセントに及んだ。

幕府は米購入資金の貸付（一万石につき一〇〇〇両、無利子、一年据え置き、五年分割返済）及び払い米の確保・回送に迅速に対応した。松山藩の拝借金は一

▼大打撃
麦は農民の取り分であったが、腹持ちしないので、味噌にしたり、製粉して保存食とした。主食は難消化性の雑穀類と根菜類であった。

万二〇〇〇両、払い米購入高は二万千四百八十八石、宇和島藩は一万両・千五百十六石、吉田藩は三〇〇〇両・千百四十七石である。宇和島・吉田両藩は飢人に対して払い米購入高が非常に少ないが、備蓄米があったか、飢人の申告が過小であったか、判然としない。松山藩は飢饉への無為無策★を咎められ、幕譴《ばっけん》を被《こうむ》った。十二月十九日、藩主松平定英《さだひで》は老中に召喚され、「御呵《おしかり》」の上、「差控《さしひかえ》（謹慎）」を命じられた。翌年四月、定英はゆるされたが、一カ月後、急死した。

享保二十年の秋、村豊は嫡子願いを幕府に提出した。

「伊達左京　卯十八歳

右の左京は、私の妾腹の二男です。先年、在所（吉田）へ遣わし、家来に預けておりましたが、此の度、嫡子の宮内《くない》が病死しましたので、左京を出府させ嫡子としたいのでお願いします」

同年十二月一日、老中の本多忠良《ただなが》から奉書が届き、翌日、村豊と左京(四代村信）は登城し、嫡子願いが許された。

元文二年（一七三七）四月十五日、村豊は四男巳八郎《みはちろう》（十六歳）を伴って参府した。腰痛がひどいので、十七日に老中松平乗邑《のりさと》に断った上で、十八日、参勤御礼（献上）を使者をもって済ませた。六月晦日《みそか》（三十日）、病状が悪化し、村豊は五十六歳の生涯を卒《お》えた。急遽、相続願いが提出された。

「私は春から疝積《せんしゃく》★を患い、腰痛と眩暈《めまい》がするのを無理して参府しましたところ、

▼飢饉対策

宇和島藩主村年（四代）は未曾有の飢饉に深く心痛し、「虫付大変につき」鷹、飼鳥を残らず放鳥し、鷹犬も残らず放ち、軍馬は殺して五、六頭にせよと江戸から国許に命じた。村豊に関しては、享保十五年、藩士の減給措置である増掛米を課したという記録がある。

伊達村豊墓碑（大乗寺）

今月の下旬から食欲がなくなり、気分も勝れず、倦怠感《けんたいかん》がひどくなる一方で、もはや回復の見込みがありません。もし死にましたら嫡子左京の家督相続をお願いします。また、二男卯之松は病身ですので、三男の主馬を二男といたしたく、これについてもお願いします」

七月四日出棺、東禅寺へ葬送。村豊の四十四年の藩主生活は「藤蔓延年譜」に見る限り、幕府公役と屋敷の火災、領地吉田の被災の連続である。その人物像を伝える逸話などは残っていないが、彩管《さいかん》を執るのが趣味であったようで、水墨画の山水図が残っており、端正な作風である。成任《しげとう》時代に描いた「西王母と牡丹図」の三幅対《さんぷくつい》はなかなかの大作で、駘蕩《たいとう》というか鷹揚《おうよう》というか、春風《しゅんぷう》を感じる。村豊の苦難の生涯に絵筆を執る閑日月があったことを思うと、一抹の安堵を禁じ得ない。

伊達村豊

生年：天和二年十一月八日（一六八二年十二月六日）

没年：元文二年六月三十日（一七三七年七月二十七日）

実父：伊達宗職（秀宗七男）

生母：宇和島藩士里見才兵衛の娘（宗職側室）

正室：丹波亀山藩主青山忠重の娘

▼疝積
疼痛を伴う内臓疾患。

「西王母と牡丹図」
（『吉田町誌』より）

これも吉田

不受不施派僧侶を預かる

宗純が幕府から命じられた公役《くやく》には、三万両を要した禁裏御殿普請手伝《きんりごてんふしんてつだい》のほか、火消、御加勢火消、本所材木蔵火之番、公家衆御馳走役（控えを含め五回）、朝鮮人御馳走役（一回）が記録されているが、異色のものとして不受不施派《ふじゅふせ》僧侶の預かり一件がある。

不受不施派とは、日蓮没後、多くの流派に分かれた日蓮宗の一派で、他宗の信者からの布施を受けず、他宗の僧に布施をしないことを信条とした。初めは公家や武家からの布施を例外としていたが、室町時代になると、公家や武家であっても信者でない者の布施は受けるべきではない、という考え方が興《おこ》ってきた。

文禄四年（一五九五）、豊臣秀吉は方広寺大仏殿の供養会にあたり、各宗派の僧に出仕を命じた。日蓮宗の受布施派は出仕に応じたが、不受不施派は日蓮宗の信者ではない秀吉への出仕を拒《こば》んだ。以後、両派は激しく対立し、為政者《いせいしゃ》にとって頭痛の種となった。

徳川二代将軍秀忠夫人の葬儀の際、不受不施派が布施を拒んだことに端を発し、妙覚寺の寺領問題をめぐっての紛争となり、幕府と不受不施派は対立した。寺領論争は紛擾《ふんじょう》し、ついに幕府は不受不施派の僧侶を流罪《るざい》に処した。以後、明治九年（一八七六）に信教の自由が認められるまで、不受不施派は弾圧される。

寛文五年（一六六五）十二月三日、下総国平賀本土寺の僧日述と同国大野法連寺の僧日完が吉田藩にお預けとなり、翌年正月十七日、吉田に到着した。日完は寛文十二年十二月十九日の夜、日述宅に侵入して諸道具を盗んだので、翌る延宝元年二月二十七日、死罪となった。

日述墓所（吉田町立間尻）

吉田東小路に謫居《たっきょ》した日述は、宗純から六人扶持を与えられ、おりふし日蓮宗の最上山一乗寺を訪ねて住職や檀徒《だんと》の富商油屋秋田家と親しく交流した。閑居十六年を経て天和元年（一六八一）九月一日寂、七十歳。聖人山に埋葬された。古来、聖人山は罪人を埋葬したところと伝えられ、無縁仏がいくつか残っている。日述は聖人山を越えて一乗寺へ往復していたが、山上に小憩して感慨に耽《ふけ》るのがつねで、ここに葬られるのを望んでいたという。聖人山は、後年、日述に由来してそう呼ばれるようになったと考えられる。

墓は、石垣と七段の石段がある土塁のような構造物の上に安置されている。一僧侶の墓としてはいかにも荘厳《そうごん》で、日述へのただならぬ追慕尊崇が偲ばれる。

これも吉田

吉田藩事件帖

犯罪記録

寛政三年十月の塩飽屋火事など、火災の記録は多く残されているが、市井の事件に関する記録は乏しく、家臣（御作事方）奥山甚太夫の覚書では、明和三年（一七六六）から明治三年の百四年間に、破牢四件、盗賊被害三件を数えるのみである。天明四年（一七八四）六月二十五日夜、「裏御殿御銀蔵二階窓脇の壁盗賊切破、小判百五十両」が盗まれたとの記述がある。盗賊が捕らえられたかどうかは不明。

犯罪記録はきわめて少ないが、何年何月何日、江戸表で誰それが出奔したとか、誰それが欠落したという記録が目につく。欠落は駆け落ちのことである。理由、事情が記されていないのが残念だが、いずれも誘惑の多い江戸での不祥事で、これは吉田藩に限ったことではない。

不義密通や好色事件は多かった。藩士が江戸（あるいは大坂）勤番中、国許での妻の姦通も諸藩と同様に多発したが、大半は露見しなかったようである。醜聞事件となった一例に、嘉永二年六月の朽木藤太夫の妻の一件がある。

朽木の新造（妻）が、御小人組の真次という者と密通し、駆け落ちした。芸州大竹（広島県大竹市）で捕捉され、吉田に連れ帰られたが、新造は座敷牢で自殺した。不義密通のあげくに駆け落ち、果ては女房の自殺ということで、この一件は藩内に大きな衝撃を与えた。江戸在府の朽木藤太夫は御目付役を免職された。密通相手の処分については不明である。

刑場と最後の処刑者

吉田藩の刑場は十本松の尾根道にあったが、処刑記録は残っていない。文化年間、お松という悪女が磔になり、胸に受けた槍を一つ、二つと数えながら死んでいったという伝承があるに過ぎない。

明治三年三月から五月にかけて、領内の農民七百余名が一揆を起こした。「三間騒動」とよばれるこの事件は、吉田藩史上最後の大規模な百姓一揆である。一揆勢が交渉相手としたのは領民に信頼されていた元家老郷六惠左衛門であった。事件当時は権大参事。

明治四年四月、一揆の首謀者二名の死罪（絞罪）が決まった。三日間かけて絞首刑の道具と施設を製作し、二十一日に死罪を申し渡し、二十三日昼九ツ頃（正午頃）処刑した。二名は嘉之寸計、藤吾という。廃藩置県まで八十一日、吉田藩最後の処刑者である。

立間刑場跡

天保十四年のハレー彗星

天保十四年二月、異様な天変が観測され

た。ある女房が江戸の夫に宛てた手紙に、「天の西に、虹とは異なる白い布のようなものが、暮過ぎから現れ、四ツ過ぎに消えてしまいます。東の空には昼星が出て、寂しくも不思議なことです。ああ気味が悪い、悪い、悪い、悪い」とある。

足軽某が江戸の小頭に宛てた手紙には、「御地でも見えるそうですが、大変なものであります。色々評定するのですが、わかりません。豊年とも、兵乱の兆しともいいます。天の火柱で日和が続くともいっています。雷さまの屁ともいいます」とある。

藩士伊尾喜小傳次の日記（『伊尾喜家文書』）に曰く、

「天保十四年卯三月三日、これを記す。先月中頃より、西の方に暮れ頃から五ツ頃まで天の川のような、雲とも定め難い、木綿のようでもっと薄白く見えるものが出現し、西から辰巳の方へその長さ三合ほど、しだいに薄くなり、ほうき星の類か。珍しいと人々が騒いでいるので、後世のために記しておく」

不正唐物騒動

唐物《からもの》とは舶来品のことで、江戸時代には長崎奉行の職掌であり、その取締まりは厳重を極めたが、抜荷（密貿易）を企む者が絶えなかった。品目は高価な薬種、布地、装身具で、暴利を貪ることができた。

文化六年春、突如として大坂町奉行所の役人が吉田陣屋町に現れ、抜荷の御吟味（捜査）を始めた。大洲藩と宇和島藩は毅然として捜査陣に対峙し、商人救済につとめたが、吉田藩は呆然として拱手傍観した。吟味は過酷を極め、逮捕者は拷問され、町内は震撼した。

事件というほどではないが、奥山甚太夫の覚書に、「天明五年、公儀より鱶類海鼠等の改め役人大西平八郎と申す人が罷り越し、町会所に止宿した」という記述がある。天保三年にも、「公儀煎海鼠改め役人」が宿泊したという。

御巡見様大迷惑

幕府巡見使は幕府の制度であるから、事件ともいえないが、受け入れる側としては大事件であり、不運な事故のようなものでもあった。巡見使とは諸藩諸国の政情や民情を視察するために派遣される将軍の特使である。吉田では寛文七年（一六六七）から天保九年（一八三八）までの百六十八年間に八回の巡見使が来藩している。二十四年に一度の割合になるが、将軍交替ごとに派遣されたので、その間隔は一定しない。

享保二年（将軍は七代家継）の巡見は、前回巡見の七年目である。天保九年（十二代家慶）の巡見（形骸化した巡見使はこれ以後廃止された）は前回から四十九年目。半世紀も経つと前例を知る者も少なくなり、関係者の苦労がしのばれる。

巡見使の史資料は全国に残っているので詳述を避けるが、その接待にはたいへん神経を使ったようである。村方では庄屋が、町方では町年寄が胃が痛くなるような応接にあたった。

今ではほとんど死語になったが、旧大洲藩領地方に「御巡見様が始まった」という言葉がある。乳児がむずかったり、幼児がだだをこねるときに使われる。

これも吉田

この人も吉田人

『字源』の簡野道明

簡野道明は慶応元年（一八六五）、江戸の吉田藩邸で簡野義任の長男として生まれた。幼名米次郎。明治二年、五歳のとき吉田に帰国し、祖父、父に学び、やがて森蘭谷、兵頭文斎に師事した。

明治十七年、愛媛県師範学校を卒業、県内及び兵庫県の小学校に勤務したのち、上京して明治二十九年東京高等師範学校国語漢文専修科（現・筑波大学）を卒業後、東京師範学校、東京女子高等師範学校（現・お茶の水女子大学）の教授となった。

お茶の水大学デジタルアーカイブズより

教員時代、洋服を着なければならなかったが、道明は断固として和服で通した。刻苦勉励の人であったが、酒を好み、酒を入れた瓢箪を腰にして行楽することもあった。

酒については逸話がある。学生と飲んでいるとき、道明は徳利を振り、「ほら中身が減ると高い音がするだろう。人間もまたこのようなものだ」といった。内容空疎な者ほど高言放言するという意味である。

大正三年、退職して研究・著述に専念。大正十二年、着想から二十年の歳月を費やした漢和辞典『字源』を刊行した。語彙の配列を画期的な五十音順にした『字源』は好評を博し、三百版を重ねて平成の現在もなお現役である。日本で唯一の「正字・正假名遣ひ（旧字・旧仮名遣い）」の辞典として比肩するものがない。

道明は著述のかたわら中国、朝鮮で学者と交遊し、古書を収集し、名所旧跡を訪ねて漢詩を詠んだ。昭和十三年二月十一日、病没。墓は文京区の伝通院。著書に『初等漢文読本』『故事成語大辞典』『和漢名詩選評釈』『論語解義』『老子解義』『唐詩選評説』などがある。

夫人は松山藩の藩医今井氏の長女信衛で、昭和十六年、道明が著作・研究の場としていた別荘「間雲荘」跡地に蒲田高等女学校を開設した。現在の蒲田女子高等学校（学校法人簡野育英会）で、道明の「清・慎・勤」の教えが受け継がれている。

清・慎・勤の石碑（簡野道明記念吉田町図書館）

第四章
四代村信から六代村芳まで

六代村芳の時、未曾有の「武左衛門一揆」が。家老は農民の面前で切腹する。

1 四代村信と五代村賢の治政

四代村信は病弱、慢性赤字の藩財政にも積極政策を取らぬまま四十六歳で病死。
五代村賢は天明の大飢饉に見舞われ、幕命工事で五千両を出費、吉田では大火。
参勤交代の吉田・大坂間は瀬戸内海を辿り、海難事故も。東海道では斬り捨て事件。

影の薄い藩主村信

村信《むらのぶ》の藩主在任は二十六年間である。参勤在府中は何らかの幕府公役を命じられ、国許の吉田では災害による損耗が慢性化し、藩財政は窮乏するばかりだったが、村信はこれといった積極政策を講じるでもなく、漫然と藩主生活を送ったようである。

一方、宇和島藩では五代藩主村候《むらとき》が文武と忠孝の奨励、藩校の創設、倹約令、風俗の規制、農民救済、諸制度の改革、専売制度といった諸策を打ち出し、財政を再建して三百諸侯中一、二を争う名君と評された。村候は「伊達家の本家は仙台にあらず」として「本末の争い」を起こすなど、気骨稜稜《りょうりょう》の大名でもあった。本末の争いを起こすにあたって、藩草創期の文献を渉猟《しょうりょう》するうち、悲運の家老

伊達村候肖像（自画像）
（宇和島伊達文化保存会蔵）

山家清兵衛に深く傾倒し、山頼和霊神社と祭礼を隆盛させた。

大名の中でも有名人で、根岸鎮衛《ねぎしやすもり》の随筆集「耳嚢《みみぶくろ》」★にも逸話を残している。画を得意とし、自画像も何点か残している。ということで、村候は顔が見えるのだが、村信は顔が見えない。影の薄い殿様ではあるが、以下、村信の治政をたどってみる。

享保五年（一七二〇）三月五日、江戸で生まれた。表向き（官年）は享保三年生まれ。生母の須磨は船手組同心斎藤浅右衛門の娘（本寿院）で、村豊の側室である。村信には一歳年長の兄がいた。村豊の側室恵眼院が生んだ村澄《むらずみ》である。村澄は十四歳で将軍吉宗に御目見《おめみえ》し、家督継承者となったが、津和野藩（四万三千石）四代藩主亀井茲満《これみつ》の妹於久★との縁談が進められる中、享保二十年九月十七日、十九歳で急死した。村信は前年の五月三日、父村豊の下向に同行し、吉田に移っていたが、嫡子願いが許され、享保二十一年正月二十八日、吉宗に御目見した。

元文二年（一七三七）六月末日、村豊が吉田で病没すると、八月二十四日、家督相続が認められ、村信は吉田四代藩主となった。十二月、紀伊守となる。

元文二年八月三日、浅草屋敷一一六三坪を一五〇〇両で売却した。十一月十二日、上野矢田（一万石）二代藩主松平信友の妹於園《その》との婚約が整い、翌年二月十六日に結納があったが、翌年四月二十六日に園姫は卒去した。御縁女《ごえんじょ》（婚約者）於園様の年齢や死因についての吉田側の史料はない。結納後、婚姻が延引された

▼「耳嚢」
佐渡奉行、勘定奉行、南町奉行を歴任した根岸鎮衛が多年にわたって風評・伝聞を書きためた江戸のコラム集。「巻の四 七十六 大名にその職量のあること」に村候が登場する。

村信・黒印

▼於久
亀井茲親の娘。縁談のあった享保二〇年の時点で茲親は没しており、茲満が藩主であったので「亀井因幡守様御妹於久様」と藤蔓延年譜は記している。

のは園姫の発病と推察される。

再縁は信濃諏訪藩（三万石）五代藩主諏訪忠休《ただとき》の妹於栄《えい》である。忠林は三代忠晴の子で、四代忠虎の養嗣子。於栄の実父諏訪忠虎は幕命によって吉良義周《よしちか》を預かった藩主である。元文四年八月二十日に御縁組御願書を提出、十一月三日に結納、十二日に結婚した。諏訪家から御普請金（持参金）四〇〇両、伊達家からは九〇〇両を贈った。諏訪家が毎年負担する栄姫の御化粧料（生活費）は三〇〇両。

栄姫は結婚三年目の寛保三年（一七四三）十一月十六日、待望の男子を出生した。豊松と命名されたが、十二月六日に栄姫は産褥《さんじょく》死。十二日後、豊松も母のあとを追うように死んだ。吉田伊達家にとって喜びから悲嘆の急転直下の一カ月であった。「御年二十二歳」とあるから、栄姫は満二十歳。村信もまだ二十三歳であった。以後、村信は継室を迎えていない。

病弱な村信、病死す

元文三年（一七三八）四月、村信は「御在所へ御暇」を許されたが、「御病気に付き御滞府」ということで帰国しなかった。翌年の三月十二日、「御下屋敷　御歩行御願書」★を提出、即日許可された。三月二十八日、「参勤（将軍拝謁）の時節が近づいたが、病気により登城できない」旨、届けた。四月十五日、参勤の献

▼「御下屋敷　御歩行御願書」　下屋敷での静養願い。在府大名は上屋敷に常駐することが義務付けられ、外泊には届けを要した。

上品を使者をもって済ませた。翌る元文五年二月五日、「公家衆御馳走役控」を命じられる。したがって、病気は一年半に及んだようであるが、病態についての記録はない。

元文五年五月一日、江戸を発駕、六月五日、五年ぶりに帰国した。翌る寛保元年（一七四二）三月五日、参勤の出発は吉田港から出帆せず（荒天か）、宇和街道（宇和島藩領）を越えて佐田岬半島の伊予灘側（瀬戸内海側）の三机浦★から乗船し、四月五日、江戸に着いた。六月一日、公家衆御馳走役を命じられた。

翌年の下向をまたしても病気により滞府し、翌々年の参勤の際には御礼の献上を使者に代えた。村信は病気がちであったようである。

延享二年（一七四五）正月十二日、江戸の奥女中縫《ぬい》に村信の二男が生まれた。のちの五代藩主伊達村賢《むらやす》である。二月十二日、千駄木から出火があり、強風に煽られ下屋敷が長屋を含めて全焼した。火事といえば、この年の十一月晦日（三十日）夜、添屋敷（上屋敷に付属する屋敷）の表長屋角の久光宇兵衛宅より出火、横二間（三・六メートル）、縦九尺（二・七メートル）を焼いた。翌日、老中松平乗賢に報告の上、差控（謹慎）を伺ったところ、夕刻になってその必要はないとの仰せ渡しがあった。小火《ぼや》であっても、幕府に報告し、謹慎を申し出ているのが興味深い。

翌年、将軍の「御代替」により、徳川家重《いえしげ》から領地朱印状が下された。

▼三机浦
三机。参勤交代の寄港地。神武天皇東征の際、嵐に遭ってこの地に漂着したことから、古くは「御着江（みつくえ）」と称した。真珠湾攻撃に参戦した特殊潜航艇の訓練基地で、九軍神の慰霊碑がある。

延享四年（一七四七）六月二十七日、縫が五〇両を与えられて「永御暇《ながのおいとま》★」となった。

寛延二年（一七四九）四月十日、吉田に地震があった。村信は在府して不在だった。この年、損耗石高三千四百八十五石。寛延三年は虫付（病虫害）による損耗石高四千二百八十三石。

宝暦二年（一七五二）正月二日、病気のため年頭登城を欠席。前年の十月から病臥していたが、二月二十七日には快方。

宝暦三年、南八丁堀の旗本加々爪次郎左衛門の屋敷八六二坪と、白金下屋敷の五七六坪を相対替（交換）し、加々爪に四〇〇両を支払った。上屋敷と添屋敷の間に食い込んでいた加々爪屋敷を白金下屋敷の一部と追金《おいがね》四〇〇両で購入したものである。

宝暦五年六月十八日、在府中の村信は「御疝癪《せんしゃく》★につき、相州塔澤へ三廻の御湯治」を申請、七月五日発駕、七日に塔澤に着き、御宿田村久兵衛に止宿、八月三日、江戸に帰った。相州塔澤は、箱根湯元の塔ノ沢温泉である。

翌々年の八月から九月にかけても塔ノ沢温泉で湯治をする。宝暦八年二月二日、「昨年の湯治後も御疝積が治らず冬場は御引きこもりであったが、少し快方されたので下屋敷で御静養」し、二十五日に出勤した。この年の交代（帰国）は、幕府に希望して木曾路を使った。翌年、参勤してまもない五月二十四日、生母の本

▼永御暇
縫は松平越後守様御医師福田宗元へ嫁し、寛延五年六月二十八日病死した。松平越後守は美作津山藩四代藩主松平長孝と思われるが、藩医福田宗元については不詳。「永御暇」は大奥でいう「お褥《しとね》すべり」（妻妾が歳をとり床を共にすることを辞退する）であろうか。

▼疝癪
胸・腹がさしこんで痛む病い。

寿院が卒去、七月十四日まで忌服した。

宝暦十三年、村信は疝積、腰痛、疝瀉《せんしゃ》（下痢）がひどいので参勤の延期を出願し、五月九日、押して（無理をして）出帆、六月八日に江戸に着いた。九月四日、隠居願いを提出、八日に許可された。

宝暦十四年四月十一日、

「持病の疝積で腰痛がひどく、（昨年）隠居願いを許可されたのは有難いことです。現在は歩行も困難で、寒気の時期は特に難儀しています。在所（吉田）は寒気も薄く、保養にもなります。また、以前に有馬温泉に入湯して体調がよかったので、できることなら（温暖な）在所でしばらく養生させていただきたく、お願いします」

と出願し、十五日に許された。五月九日、江戸を出発、木曾路をたどって吉田へ向かった。お供は家老鈴村弥治右衛門以下、侍分二三人、御徒《かち》以下御坊主まで一一人、組々五一人、参勤交代と同規模の行列であった。二十二日大坂着。体調が悪かったのか、大坂に四日間逗留し、六月九日吉田着。隠居所として新築された国安《くにやす》御殿に入った。翌年（明和二年）五月二十一日、国安御殿で卒去。四十六歳。表向きは四十八歳。

伊達村信

生年：享保五年三月五日（一七二〇年四月十日）
没年：明和二年五月二十一日（一七六五年七月八日）
実父：伊達村豊
生母：斎藤浅右衛門の娘須磨（村豊側室）
正室：諏訪藩五代藩主諏訪忠休《ただとき》の妹於栄

五代藩主村賢の治政

村賢《むらやす》は宝暦七年（一七五七）十二月十九日、越後長岡藩（七万四千石）八代藩主牧野駿河守忠寛の妹於弘と婚約したが、若年のため結納にいたらぬまま御縁女於弘様は宝暦十三年正月七日、死去した。

明和四年（一七六七）九月二十七日、讃岐多度津《たどつ》（一万石）三代藩主京極高文の姉於富と結婚した。富姫十七歳、村賢二十三歳。麻布六本木の多度津藩邸から南八丁堀吉田藩邸への輿入れに関する史料はない。

明和九年三月十七日、村賢は富姫を離縁した。「御離縁。昼後御里方へ御帰、翌十八日御用番様へ御届」と記されているだけで、離縁の理由は不明。のちに富姫は旗本藤堂良峯に嫁いだ。以後、村賢は継室を迎えなかった。薫、恒、弓《ゆん》、竹、琴ら側室の名が伝わり、村賢には一二男二二女があった。

村賢の幕府公役と損耗は次頁の通りである。村賢についてのみ一覧にして例示したが、歴代藩主も似たような状況である。天明六年に相模川の河川工事を命じられ、約五〇〇〇両の出費があったこと、「天明の大飢饉★」に見舞われていることが特筆に価する。

明和四年（一七六七）十月十三日、大坂北浜土佐堀南側大河町大和屋清蔵の家屋敷を代銀一四五貫目で購入、翌年四月、北浜大川丁の大坂屋敷が完成した。同所にあった旧大坂屋敷が老朽化したか、手狭になったため新築したものであろう。

明和九年二月二十九日、常盤橋番所より目黒行人坂から出火★との報告があり、大火となったので村賢は（持病の痔疾《じしつ》を押して）出馬した。常盤橋御門は焼失。白金下屋敷に類焼があり、南通表の板塀六間《けん》竹垣一一間、西通表の板塀九間竹垣五一間、北堺の竹垣四〇間、東堺の竹垣三六間が焼けた。

安永六年（一七七七）、吉田の魚棚★より出火、法華津屋文書「御家中火災之事」によると、十二月十五日、魚棚一丁目の高月甚十郎（法華津屋）の借家人で鬢付《びんつけ》油《あぶら》屋の利助が油を煎《い》っていたところ、燃え上がり、おりからの風で昼七ツ半頃（十七時頃）から暮六つ過ぎ（十八時過ぎ）まで燃えた。法華津屋文書「御上躰様より御憐愍之次第」には、御助け米一〇〇俵と御救い貨七〇貫目を「難渋の者共」（被災者）に配分したことが、いちいち名をあげて記されている。翌年二月十四日、利助は追放刑に処せられた。

▼「天明の大飢饉」
天明二年から八年にかけての大飢饉。主に東北地方に冷害による壊滅的な被害があり、全国に波及した。

▼出火
目黒行人坂大火とも明和の大火ともいう。江戸三大大火の一つ。目黒の大円寺が火元で、放火犯は火付盗賊改に捕縛され、市中引き回しの上、小塚原で火刑に処された。

▼魚棚
吉田御陣屋町の繁華な町人町。魚屋が多く軒をつらねていたためこの町名がある。

公役記録

		公役
一七六四	宝暦十四年	朝鮮使節応接、公家衆御馳走役
一七六五	明和二年	本所御蔵火之番
一七六六	明和三年	公家衆御馳走役控
一七六八	明和五年	公家衆御馳走役
一七七一	明和八年	公家衆御馳走役
一七七二	明和九年	常盤橋御門番
一七七三	安永二年	常盤橋御門番
一七七五	安永四年	本所御蔵火之番
一七七七	安永六年	本所御蔵火之番
一七七九	安永八年	大手組御防
一七八一	天明元年	呉服橋御門番、常盤橋御門番
一七八三	天明三年	神田橋御門番
一七八五	天明五年	常盤橋御門番
一七八六	天明六年	関東川筋御手伝普請

損耗記録

		原因	損耗高
一七六五	明和二年	不詳	七千四百六十五石
一七六六	明和三年	旱魃	田四千九十三石　畑二千四百七十七石
一七六七	明和四年	虫付	田七千六百五十七石　畑三百六十五石
一七七〇	明和七年	旱魃	田八千二百二十二石　畑三千七百九石
一七七一	明和八年	旱魃	田三千二百十三石　畑千四百四十三石
一七七三	安永二年	洪水	田二千四百三十九石　畑四百十九石
一七七八	安永七年	洪水	田四千百五十九石　畑七百九石
一七八二	天明二年	風雨	一万三千八百五十七石
一七八四	天明四年	洪水	田五千二百四十一石　畑千七十七石
一七八六	天明六年	洪水	一万三百十一石
一七八七	天明七年	洪水	一万千四百六十三石

安永九年（一七八〇）五月二十四日、御殿前の橋を石で掛け直し、朽木藤太夫組林九郎の父勇右衛門八十六歳と妻八十二歳が渡り初めをしたという記録がある。長寿にあやかっての人選と思われる。

天明八年（一七八八）三月五日、将軍代替わりにより、徳川家斉《いえなり》より領地朱印状を下された。同年七月三日、嫡子増之助（産母は側室弓《ゆん》）が十七歳になったので将軍拝謁の運びとなったが、持病の眩暈と下半身の冷えによる頻尿《ひんにょう》により長《ちょう》座《ざ》できないため、御目見を延期した。

寛政元年（一七八九）三月二十一日、病身の増之助に代えて二男分三郎を嫡子としたい旨、御用番牧野備後守貞長（常陸笠間藩主）に申請したところ、二十三日夕刻、親類の名代《みょうだい》を伴って分三郎に登城するよう奉書があった。翌日、名代として縁戚大名の諏訪忠粛《ただかた》★が登城、牧野貞長より嫡子認定の仰せ渡しがあった。

増之助は廃嫡後、吉田に帰国する。途中、伊勢神宮に参拝、大坂に逗留して名所や催しを見物した。吉田では年一〇〇〇俵を給された。寛政十一年には有馬温泉への湯治、京・大坂・奈良の観光旅行、二度目のお伊勢参りをしている。文化三年（一八〇六）六月二十九日死去。享年三十一歳。

寛政二年（一七九〇）二月九日、村賢危篤により、分三郎十六歳への家督相続を願い出た。

「私は多年持病の痔疾に疝積が重なり、最近になって風邪の発熱があ

▼**諏訪忠粛**
諏訪藩七代藩主。六代藩主忠厚（村信正室栄姫の甥）は暗愚で、天明十一年、お家騒動（二之丸騒動）で幕譴によって強制隠居させられた。二之丸騒動で暗殺されかけたことがある忠粛は父に似ぬ賢侯で藩政を改革し、学問を奨励した。

り、積気もひどく、痰や喘息によって日増しに衰弱し、回復する見込みがありません。若《も》し死にましたら嫡子分三郎へ家督相違なく下し置かれますようお願いします。

手が震えるので押印しません」

医師の診断書一通、医師の署名書一通、病床付き添いの親類の名簿一通、懐胎中の側室がいない旨の届出書一通が添えられた。村賢は翌日卯《う》の上刻《じょうこく》（午前五時頃）死去。十六日に出棺し、高輪の東禅寺に埋葬。四十六歳。表向き五十歳。

伊達村賢

生年：延享二年正月十二日（一七四五年二月二日）
没年：寛政二年二月十日（一七九〇年三月二十五日）
実父：伊達村信
生母：縫（村信側室）
正室：多度津三代藩主京極高文の姉富姫（結婚の四年半後、離婚）

吉田藩の参勤交代

参勤とは諸大名が江戸に出府することで、帰国することを交代という。吉田藩

村賢・黒印

の参勤交代は海陸の行程をとった。吉田港から乗船し、大坂に上陸、東海道を経て江戸に向かう。海上荒天の場合は、法華津峠を越えて宇和島藩領の宇和、八幡浜を経て、佐田岬半島の三机《みつくえ》から乗船した。交代（帰国）はこの逆をたどった。

宇和島城下に伝わる郷土芸能「お槍振り」に、

「ここからお江戸は三〇〇里、行きし戻しで六〇〇里」

とあるが、「江戸武鑑★」によると、吉田陣屋から大坂までは海路一二五里、大坂から江戸まで陸路一三四里、海陸合計二五九里（冬は海路一三里増し）の道のりであった。道中の所要日数は二十四、五日で、天候その他の事情によって一カ月以上を要することもあった。

ちなみに「江戸武鑑」には、吉田藩江戸上屋敷は「南八丁堀大手ヨリ十五丁」、下屋敷は「白かね」、京屋敷は「二条上ル丁」、大坂屋敷は「北浜大川丁」とある。「時献上《ときけんじょう》（四季折々の幕府への献上品）」は、「鰹節、干鯛、宇和鰯★、伊予鯣《するめ》」である。

参勤は諸大名に課せられた軍役でもあったから、武具を携えた多数の武士が中心であったが、行粧《ぎょうそう》（格式、規模）については不明な点が多く、時代によっても異なる。吉田藩の場合、江戸より下向の人数八五名という宝暦十四年（一七六四）の記録★があるだけである。

供廻りのうち、陸尺《ろくしゃく》（駕舁《かごかき》）や諸道具を運ぶ人夫《にんぷ》には領内の村方から若い屈

▼「江戸武鑑」
大名や幕府高官の氏名・石高・俸給・家紋などを記した年鑑。商人にとっては必携の実用書であり、江戸見物の案内書としても利用された。

▼宇和鰯
古来、宇和海は鰯の宝庫で、宇和島・吉田両藩の主要産物であった。豊・不漁があり、五代村賢の明和元年十月七日の記録に「宇和鰯が払底したので献上できなかった」とある。

▼
「藤蔓延年譜」の宝暦十四年五月九日の記事に、「（四代藩主村信が）御在所へ木曾路を使って御発駕された。御供は御家老鈴村弥次右衛門以下、侍分が二三人、御徒以下御坊主までが一一人、組々が五一人（計八五人）」とある。

強の者を選んだ。藩医、料理人、馬丁《ばてい》も同行したので、これらを含めると、総勢は一五〇人を超えていたと思われる。海路には多数の船手（船員）が加わった。

　享保の改革による変則的な参勤交代は例外であるが、通常、参勤にあたっては前年十月の初亥《はつい》の日に供触れ（人事発令）が出され、発駕《ほつが》は三月初めの吉日が選ばれたという。

　御陣屋からの沿道（本丁、桜町、本町）は塵一つなく掃き清められ、二間おきに水手桶が置かれた。庶民は土下座して見送り、御用商人の三引《みつびき》高月、叶高月の両高月家をはじめ、町年寄、丁頭《ちょうがしら》などの身分の高い者は築地の広場からお見送りした。参勤行列が御船手に到着すると、乗船が始まる。船団の陣容は、「立間尻村誌」所載の「御船海上行列の図」によれば、御座船《ござぶね》以下、曳舟《ひきふね》を含め二二艘が数えられる。総朱塗りの御座船八幡丸は、家紋「竹に雀（笹の丸に飛び雀）」を白く染め抜いた紫の幕、吹流し、旗などで麗々《れいれい》しく飾り立てられていた。

　乗船が終わると、法螺貝《ほらがい》一吹・太鼓一打を合図に式典が始まり、歌い手が一斉に出帆の祝い歌をうたう。「落葉のはきよせ」には、「その声神妙にして龍神も耳を傾けるかと感ぜらる」と記されている。

　乗船が終わると、法螺貝《ほらがい》一吹・太鼓一打を合図に式典が始まり、歌い手が一斉に出帆の祝い歌をうたう。「落葉のはきよせ」には、「その声神妙にして龍神も耳を傾けるかと感ぜらる」とある。

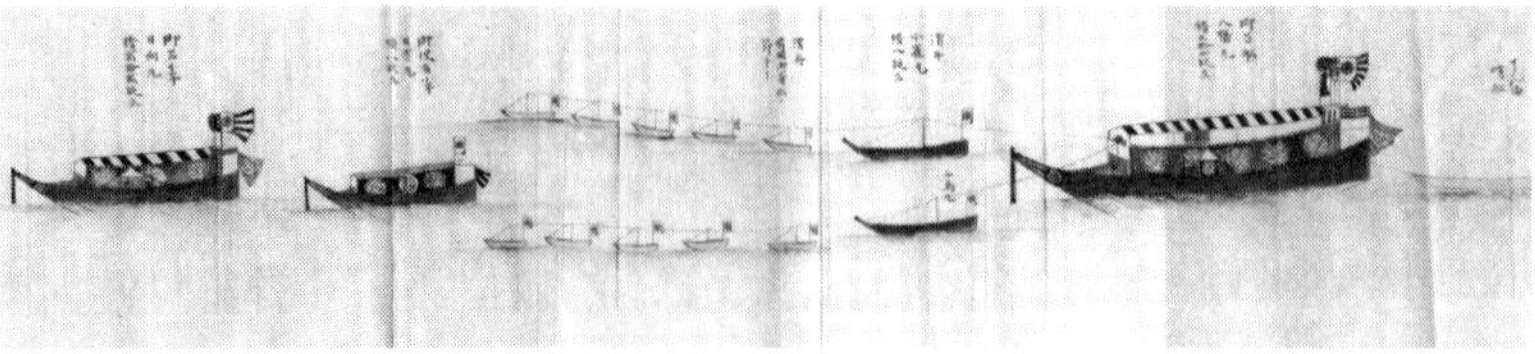

「海上行列の図」右の大船が御座船八幡丸（『立間尻村誌』所収）

「御船歌」は、御船手組の歌頭《うたがしら》三瀬両家（本家、別家）に世襲され、二〇人の歌組によって参勤の船出の儀式や祭礼の時に歌われた。御殿での宴席、江戸屋敷での宴席でも披露され、吉田の船歌の名調子は諸侯にも持て囃されたという。

吉田下向の際は、あらかじめ大坂に迎え船を用意し、佐田岬半島の三机に寄港後は、沿岸の狼煙《のろし》場に次々と狼煙をあげて連絡し、吉田陣屋でのお迎えの準備をした。

木曾路、海難事故、斬り捨て事件

延享五年（一七四八）四月十八日に江戸を発駕した四代藩主村信下向の際は、「東海道を朝鮮人使節が通行するとのことで、木曾路を使うようお指図があり、初めて木曾路を通行した」（「藤蔓延年譜」）

とあり、以後、村信はしばしば木曾路（中山道）を使うようになる。木曾路は諸侯の往来が少ないので、道中の行粧を簡略化することができ、経費節減ができたからであろうか。伊勢神宮参詣のために伊勢路を経由することもあったし、帰国の際に山崎街道から播磨路を通り、室津で乗船することもあった。

海難事故もあった。明和四年（一七六七）の五代藩主村賢《むらやす》の参勤では、三月二十三日に明石沖で暴風に襲われた。村賢は御座船から鯨船《くじらぶね》（軽快船）に移り、

「御舟手御用井戸」
御船頭高月古左衛門の屋敷跡地の前に現存する。汐濡れした船道具の洗い場であったといわれる。

明石浜に上陸してことなきを得た。一行はこの夜から翌朝にかけて次々と明石浜に避難した。明石藩主松平直泰《なおひろ》の役人が派遣され、「御丁寧な御仕成《ごしなし》（対応）これ有り」翌日、「兵庫駅に御止宿」した。この遭難を「落葉のはきよせ」は、「怒濤激襲し、まさに御座船の巌石に当たって粉砕せんとするに際し、（船頭宮本喜佐衛門）は侯（村賢）を蒲団に包みてこれを縛り、力に任して磯上に抛り上げて、侯の一命を救い、為に御裃を賜わりしという」と講談風に記している。

明和六年三月五日出発の参勤では、四月四日から十日まで大井川★の川止めによって「御逼留」（足止め）を余儀なくされ、四月十五日に江戸に到着している。

参勤交代では、幕府役人・勅使・他の大名らの行列と遭遇するのを避けるため、偵察を出すのが常であったが、下向の途中、天竜川の径路で御茶壺献上使堀田加賀守の一行と衝突したことがある。先方の小者《こもの》が狼藉に及んだので、柔剣両道の達人薬師寺惣助が一刀のもとに斬り捨てた。「先方の渡り者乱暴に及びしかば、抜く手も見せず真っ二つに斬り棄てたり」と「落葉のはきよせ」にあり、「いずれも天下の大道を往かずして径路を取り、特に大切なる御茶壺を献上の帰路なれば、互いに失を免れざるが故に、事なく通過したり」ということで、お互いに無かったことにしたようである。

村賢は病気（「御持病之御痔疾」）を理由にたびたび在府延長を願い出ている。村賢は痔の治療のために松山の道後温泉に入湯したり、隠居願いの理由も「私儀

▼大井川
弓組足軽の須藤升右衛門が川越人足に担がれて大井川を渡る際、川に落とされ、激怒して人足の肩口から胴にかけて斬りつけたという話がある。須藤は大兵肥満、八幡山という素人力士でもある。落とされたのも無理はないが、武士としては恥辱であり、斬り捨てたのである。「かかる事は当時法としては構いなく、あえて珍しいことではないが、須藤のみごとな振る舞いは評された」と「落葉のはきよせ」は記している。

多年持病の痔疾」としている。痔病みの村賢の道中難儀は想像に難くない。健康な者でも長旅で病を得、客死《かくし》することもあった。四代宇和島藩主伊達村年は、享保二十年（一七三五）の下向途中、五月二十七日、播州加古川駅において三十一歳で急死している。

参勤交代は、領地の飢饉、城の被災、藩主の病気などで特別に免除（用捨）されることもあった。三代藩主村豊の享保六年、江戸上屋敷の類焼により参勤免除が認められているのがその一例である。

七代藩主宗翰の文政十二年（一八二九）、三月二十七日に吉田を出発したところ、江戸屋敷が類焼し、大坂から引き返して四月二十二日に吉田に到着した。六月まで参勤の延期が許されはしたものの、大坂までの往復旅費と江戸屋敷修復費の二重苦に見舞われたことになる。

寛文五年（一六六五）、伊予西条藩三代藩主一柳直興《ひとつやなぎなおおき》は、参勤遅参（及び幕命工事の業務怠慢、失政等）を理由に改易されている。文久二年（一八六二）、幕府（将軍後見職一橋慶喜）が規制緩和するまで、参勤交代は武家諸法度に定められた諸大名の厳然たる服属儀礼であった。

②六代村芳の時代

襲封直後の吉田大火、大坂屋敷類焼、吉田藩紙騒動、村芳の前途は多難。三引法華津屋、叶法華津屋、御掛屋佐川家……今に名を残す吉田藩の豪商。化政文化の精華……富商たちの多彩な文化芸術活動が吉田に開花する。

十三歳で六代藩主に

伊達村芳《むらよし》は安永七年（一七七八）三月八日、江戸で生まれた。母は村賢の側室弓《ゆん》。襲封したのは十三歳の時である（官年十六歳）。

治政初期の出来事を以下に抄録する。

寛政元年（一七八九）三月、兄村高が病弱のため嫡子となる。寛政二年二月に父村賢が死去、四月、村芳が襲封。

寛政三年十月一日、将軍家斉に初の御目見。太刀一腰《ひとこし》、紗綾《さあや》★二巻、馬代銀★を献上した。同日、御用番戸田采女正氏教《うねめのしょううじのり》へ「桜田組御防（大名火消し）」を命じられたが、緊急出動の際、持病の痔で乗馬できない」旨を届け出る。二十八日、戸田氏教へ申請していた「五節句と月次《つきなみ》の登城は、痔のために正座ができないの

▼紗綾
紗（薄絹の平織）に稲妻、菱垣などの綾（文様）を織り出した光沢のある絹織物。

▼馬代銀
馬を贈る代わりの現金。

で、しばらく見合わせてほしい」旨の願いが許された。この記録からすると、村芳は十三歳にして重症の痔を患っていたことになる。この直前の同月二十一日、吉田に大火（塩飽《しわく》屋火事）があった。本町一丁目の塩飽屋が火元で、町家九〇軒、家中屋敷四軒、足軽屋敷一七軒を焼いた。

十一月二十八日、吉田損耗届けを提出。併せて前月二十一日の吉田火災の被災状況を報告。この大火の後、町内の井戸の数を調査★し、要所に消防用の大井戸を掘らせた。

寛政四年五月十六日、暮六つ頃（一八時頃）、大坂西横堀より出火、大坂屋敷に類焼した。この年の損耗は六千六百石余り。

寛政五年二月、吉田藩紙騒動（武左衛門一揆）起きる。

寛政六年、初めて帰国した。四月二十七日出発し、東海道、美濃路を経て五月十二日大坂着、十六日、播磨路を通って十八日に室津着、乗船して六月三日吉田着。

寛政六年十一月、藩校「時観堂」を開校する。

寛政七年、参勤出府して四月七日江戸着。同日、纏《まとい》、馬験《うまじるし》、旗、幕などの意匠の新たな規定を発令。十三日、公方様（家斉）へ参勤御礼。公方様へ太刀一腰、紗綾《さあや》二巻、馬代銀一〇両。若君様へ太刀一腰、馬代銀三〇両を献上した。

五月十五日、下総関宿《しもうさせきやど》藩★久世家（六万八千石）四代藩主久世広誉《ひろやす》へ村芳の縁組

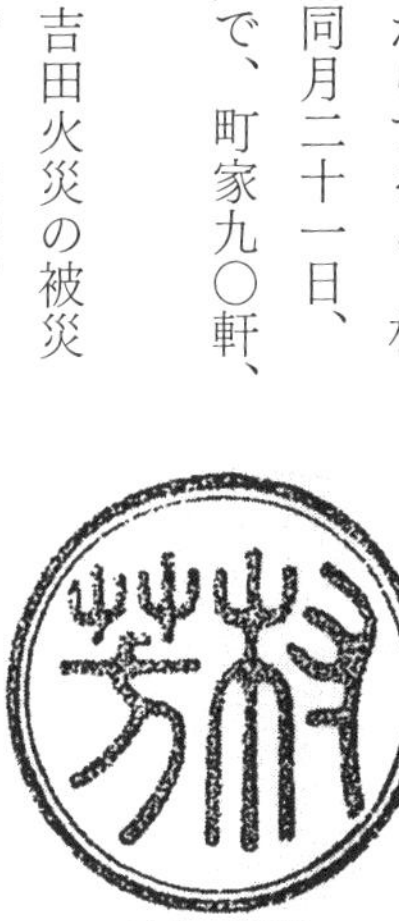

村芳・黒印

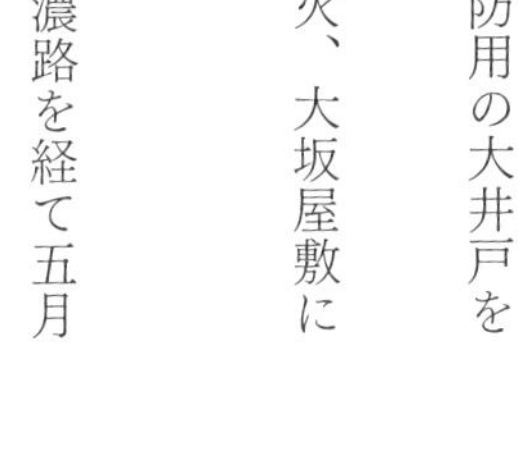

村芳の花押

▼調査
本町一丁目二十、二丁目二十二、三丁目二十二、裏町一丁目二十四、二丁目十八、三丁目十二、魚棚一丁目十九、二丁目十五、三丁目二十五、〆て百六十九。

▼下総関宿藩
千葉県野田市関宿にあった藩。関宿は幕府にとって要衝の地であったため、松平、小笠原、牧野、板倉、久世など譜代大名が歴代藩主を務めた。

について使者を送る。「御縁女御満喜様《おまき》」は関宿藩久世家三代藩主久世広明《ひろあきら》の娘。十八日、縁組願いを幕府に提出。七月二十九日、江戸城白書院で縁組認可が申し渡された。八月三日に結納、九日に入輿《にゅうよ》★。持参金五〇〇両、毎年の化粧料三〇〇両。村芳、満喜姫はともに十七歳。

弱冠十三歳で藩主となった村芳は江戸生まれ江戸育ちであることから、吉田表の藩政は家老飯淵《いいぶち》庄左衛門、尾田隼人、松田六右衛門らに委ねられた。いずれも無能で、実務にあたる下僚も下級役人の不正を放置し、藩経営は迷走乱脈していた。そのような中、村芳襲封の三年後、吉田に未曾有の大百姓一揆が発生する。

この一揆には吉田藩の御用商人法華津屋が関与している。ここで、吉田の富商について言及しておく。

吉田陣屋町の町人町は本町、裏町（裡町）、魚棚からなる。本町一丁目には大店《おおだな》が櫛比《しっぴ》し、二丁目には各種の商店と町会所があった。三丁目は旅館街で、幕末には二〇〇軒余りを数えたという。裏町は路地の多い職人町で、最盛期には二〇〇軒あったという紺屋をはじめ、鍛冶屋、鋳掛《いかけ》屋、樽屋、石屋、農具屋などがあった。魚棚には鮮魚の問屋と小売店が軒を並べ、港に近い魚棚浜通りには各種問屋や法華津屋などの豪商の土蔵が建ち並んでいた。

町人町には町奉行所を頂点とする藩の支配組織と、藩に公認された町人の自治組織があり、両者が一体となって町人町の経営と治安維持にあたった。

▼入輿
関宿藩上屋敷（久世大和守邸）は大名小路にあったので、現在の皇居前広場あたりから南八丁堀へ向かう入輿行列と考えられる。

御掛屋佐川氏

掛屋（銀掛屋）は国許から大坂の蔵屋敷に回漕される米などを売却し、代銀を両替して江戸や国許へ送金した。諸藩は蔵物（収貢産物）の処理一切を掛屋にまかせたので、藩の財政と金融に不可欠の存在であり、士分待遇を受ける者が多かった。

吉田藩の掛屋は佐川氏である。その出自は藤堂高虎時代にさかのぼり、佐川氏初代藤造の生国は伊予国大洲長浜で、慶長二十年（一六一五）一月、秀宗入部に先行して山家《やんべ》清兵衛らが板島（宇和島）入りした時、清兵衛に乞われて大洲長浜から板島へ移住、袋町一丁目の浜側に屋敷を与えられ、扶持六人分を受けて掛屋を開業したという。

伊達政宗が山家清兵衛をお供に奥州長浜（仙台市宮城野区蒲生の長浜海岸か）に鷹狩りをした際、浪人佐川豊後藤造と知り合い、人格、識見、経理の才を見込まれた藤造が山家清兵衛にしたがって宇和島入りした、という異説もある。いずれにしても、家老職惣奉行山家清兵衛の信任が厚く、宇和島藩の創業にあたって重用されたようである。

慶安五年（一六五二）十月十日、藤造は死去し、金剛山正眼院に葬られた。藤

掛屋天秤（佐川晃氏蔵）

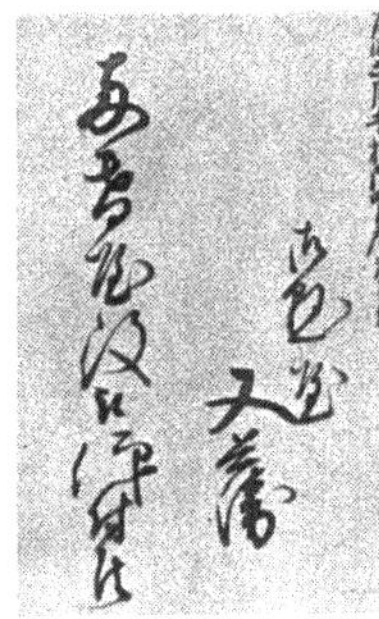

掛屋両替役任命状
（佐川晃氏蔵）

造の子又兵衛は、宗純の吉田開藩に際して吉田陣屋町に移り、吉田藩の御掛屋《おかけや》を創始した。初代又兵衛は寛文十二年（一六七二）八月二十四日死去し、玉鳳山大乗寺に葬られた。

御掛屋佐川家の店舗は本町一丁目にあり、間口一五間七寸五分、奥行一六間という大店《おおだな》であった。初めは御判屋《おはんや》と称していたが、元禄八年（一六九五）に御掛屋と改めた。領内からの多種多様な上納銀を計量して封印をする業務、封印手数料の徴収、両替に関する業務、新旧貨幣の価値鑑定及び交換業務などが基本的な事業内容であった。したがって、御掛屋はいわゆる富商、御用商人というより藩指定の公的機関の色合いが強く、歴代の佐川又兵衛も士分の意識と矜持《きょうじ》をもっていた。

町年寄★を務めたほか、代々、六人ないし九人扶持を与えられ、本業以外に臨時の中見役《なかみやく》（郡奉行に属し、村々の調査などにあたる）などの加役も務めた。帯刀（脇差）を許され、加役の際は腰に大小を差した。伊能忠敬や幕府巡見使の来藩の際は物心両面で奉仕している。このように、御掛屋佐川氏は半士半商ともいうべき特殊な身分と家格を持つ吉田藩の商人であった。

家中・町人・農民への貸金業や質屋も営み、佐川又兵衛は夜間外出の際、用心のために屈強の者数名を帯同したという。豪商の高月家、岩城家とも縁戚関係を結び、すぐれた文人も出している。

佐川家伝来の香炉
「黒漆塗竹雀三段頭紋入香炉」

▼町年寄
町年寄の下に横目、丁頭があり、横目は町内から出る旅行者や物品の関所切手を発給した。土地・家屋の売買、金銭貸借の書類には町年寄、横目、丁頭が奥書をした。

佐川又兵衛は明治四年（一八七一）の廃藩置県による掛屋の廃止まで、十代にわたって掛屋を務めた。佐川氏は維新後の苦闘の時代を経て、今日なお商家（昭和二十二年からは佐川印刷株式会社）として健在である。

御用商人と富商

法華津屋《ほけづや》こと高月家《たかつき》は、伊達秀宗入部の際、船頭《ふながしら》として宇和島藩に召し抱えられた高月小左衛門の子孫で、吉田藩分知にともなって吉田に移住し、商家を開業し、のちに三引高月と叶高月の二家に分かれた。

両高月家は藩御用の物資・物品を扱うのはもちろん、海運業、金融業、酒造業、不動産業などを商うほか、紙の専売という特権を与えられた吉田藩きっての豪商であった。高月家は代々、丁頭や町年寄として町人町の町政にもあずかった。三引高月家は甚十郎を名乗って世襲した。宝永二年（一七〇五）、天下の豪商淀屋廣當《こうとう》（五代目辰五郎）が奢侈《しゃし》を咎められて闕所《けっしょ》に処せられたが、その直前、蓄財した名宝・名器を法華津屋三引に頼んで吉田に送ったという。法華津屋三引の経済界での存在の大きさが窺われる。

魚棚一丁目に本店を構えていたが、宮野下（現・宇和島市三間町）、父野川（現・鬼北町父野川）に支店を設け、周辺の村々から和紙を買い付け、大坂に回漕した。

分銅マークのある佐川印刷本社
（松山市問屋町）

法華津屋三引本店
（吉田ふれあい国安の郷」）

天明元年（一七八一）から寛政四年（一七九二）にかけての記録では、大坂の紙問屋平野屋と加嶋屋に泉貨紙《せんがし》、杉原紙、半紙などを販売し、銀一三～四五貫目の利益を上げている。

藩への献金も莫大なもので、しばしば褒賞・恩賞を賜り、藩主とその家族が高月邸を訪ねることも珍しくなかった。そのため、三引高月家は浜屋敷に藩主接待用の一室をしつらえた。また、屋敷の一部に物見（観覧席）を設け、藩主と家族は盆踊りや八幡神社祭礼のお練りを見物した。

叶高月商店の主人は与右衛門を名乗り、本町二丁目に店舗を構えていた。叶高月は酒造業、質商も経営していた。法華津屋叶も献金怠りなく、帯刀を許されたり、伊達家家紋の三段頭★を着衣に使用するのを許されたりした。叶は吉田藩ばかりでなく、隣接する大洲藩にも献金、用立てをしており、その財力ははかりしれぬものがある。

久代屋こと鳥羽氏は、代々古兵衛を名乗り、町年寄を務めた富商である。酒造業を主として生蠟《きろう》製造、質商も営んだ。藩主の幕府公役に際して久代屋が献金したところ、公役が取りやめになり、藩が返金するというのを、古兵衛は「何とぞそのままお納め置き下さい」と固辞し、「神妙の事に候」と賞された文書がある。積極的に藩財政に協力し、帯刀や「三段頭御紋付御羽織勝手次第」という栄誉が与えられている。

法華津屋三引浜屋敷の接待室（『吉田町誌』より）

法華津屋三引の藩主接待用什器（高月一氏所有）

法華津屋三引が長崎で購入したワイングラス（高月一氏所有）

▼三段頭
竪三引両紋を吉田藩では三段頭と呼んだ。

三段頭（竪三引両）紋

以上が吉田の代表的な御用商人と富商であるが、ほかにも今出屋、岩城屋、堺屋、油屋、大坂屋といった富商、御殿の鮮魚御用を務めた廉屋《かどや》甚五兵衛と竹内文右衛門、菓子を納めた酒井勘右衛門などの名が伝わっている。

富商たちの文化活動

高月狸兄《りけい》（?〜一七六二）

天に地に柳をなぶる落葉哉
色ちらし分るや星の戻し衣

いずれも高月狸兄《りけい》の句である。狸兄は三引高月家の三代目甚十郎で、俗名は甚十郎英光。狸兄という号も飄逸《ひょういつ》だが、松木淡々★の淡々流をくむ俳人である。

宇和島藩主五代村候《むらとき》、吉田藩主四代村信の時代である寛延二年（一七四九）、隠居して俳諧・茶道・香道に親しみ、趣味三昧の隠居生活を送った。翌年、京都の俳人正木風状が上梓した句集『よし簾《ず》』には、松山三津浜の松田含芽、宇和島の谷脇恩竹《おんちく》、そして高月狸兄が序文を寄せ、狸兄の隠居所の句会での作句も収録されている。

宝暦三年（一七五三）三月下旬、狸兄は吉田を出発、大坂で松木淡々にはなむけの句をもらい、東海道をたどり、お伊勢参りをし、駿河国原宿の松陰寺に立ち

高月狸兄肖像画（部分）
（高月一氏所有）

▼松木淡々
江戸時代中期の俳人。上方俳壇に君臨したが、その俳風は晦渋、衒学的、奇矯で、後世の評価は低い。大坂西横堀の商家に生まれた淡々は経営の才があり、生活は豪奢で、俗臭芬々の人であったという。

寄った。名僧白隠★から味汸《みろく》居士の号を与えられ、肖像画を描いてもらった。さらに肖像画に漢詩人梁田蛻巌《やなだぜいがん》に賛を加えてもらうなど、当代一流の文人墨客と交流した。狸兄はこの旅行で芭蕉ゆかりの江戸、筑波、日光、松島、象潟《きさかた》、軽井沢などを遍歴・吟行し、紀行『存《おも》いのほか日記』として刊行した。宝暦十二年六月二十九日没。墓は大乗寺。

高月長徳（一七六三～一八一一）

　芦の戸にひびくあらしの音さえて氷ぞむすぶ夜半の月かげ

　高月長徳は一適斎とも号した叶高月家当主で、三引高月家の六代目高月甚十郎（虹器）とほぼ同時代の人。いずれも武左衛門一揆の時の当主である。

　家業のかたわら和歌、漢詩をたしなみ、和歌は加茂季鷹《かものすえたか》★に師事した。長徳は謙虚な人柄で、驕ることなく、人情にもあつかったという。吉田藩の藩医で歌人の本間游清が長徳に宛てた手紙に、「なにとぞ老兄の御集《ぎょしゅう》を一冊、不肖にくださいますよう。友人も多いので一覧させ、自慢したいと思います。（吉田のような）僻陬《へきすう》にもこのような名花が開いているのを他国の人にも見せたいのです」とある。

高月虹器《こうき》（一七五三～一八二五）

　雲となり又雲となる桜かな

　洗ひ馬外に物食ふおぼろ月

▼白隠
白隠禅師。臨済宗中興の祖。「駿河には過ぎたるものが二つあり富士のお山に原の白隠」といわれ、大名、武士、町人、農民こぞって白隠を訪ねて謦咳に接した。

高月長徳肖像画（部分）
（『吉田町誌　昭和・平成30年の歩み』より）

▼加茂季鷹
江戸時代後期の国学者、歌人。京都上賀茂神社の社家に生まれる。江戸に下り、国学や和歌を学び、大田南畝らの通俗文芸界とも交流した。後半生は京都の代表的な文人となった。「万葉集類句」など著書多数。

別号に丈頭斎、芙月斎、芙雪居士、滄浪亭などがある。滄浪亭は藩主村芳から贈られたものという。幼い頃から学才があり、京坂に遊んで和漢の学識を修めた。寛政七年（一七九五）に隠居してからは、趣味の世界に没頭し、華道、茶道、和歌、俳諧、書画に一家を成した。生花では「吉田先家流」を興し、多くの門人を育てた。

頼山陽の父春水と親しく、本間游清、越渓和尚ら吉田の文人とも交友した。還暦の記念の賀詞《がし》として全国から集まった書画、俳句、詩歌は数百におよび、その中には清岡三位、勘解由長親、従三位岩倉具選《ともかず》、藤波季忠《すえただ》といった文人公卿、出雲大社大宮司の千家《せんげ》尊福《たかとみ》、蘭医杉田玄白、医師・歌人・国学者の清水浜臣《はまおみ》、大坂俳壇の長老木僊こと八仙房駝岳など各界著名の人士がいる。

文化十年（一八一三）、自らの諸芸の集大成である「年賀集」を刊行した。同書には生花の図版が多数収録され、上方から彫師《ほりし》を招いて版をおこしたとされ、長持ち一杯の版木が現存しているという。文政八年（一八二五）一月、七十三歳で死去。墓は大乗寺。

虹器の生花

高月虹器の生花門人は「先家生花入門銘録」「先家活花門人名録」の二冊の門人帳によれば、文化五年（一八〇八）から文政七年（一八二四）にかけて三九五名を数える。門人は現在の吉田町、三間町、松野町、鬼北町を中心に、八幡浜市、

高月虹器肖像画（部分）
（高月一氏所有）

宇和町、高知県佐川市に及んでいる。吉田藩主村芳と家族数名、吉田藩士数名のほかは商人、庄屋が多い。女性は三九名いるが、家長や夫と共に入門している。中野中村《なかのなか》（現・三間町）の庄屋松岡丈左衛門が著した庄屋の心得「松岡氏手鏡」によれば、「勤めても又勤めても勤めても勤め足らぬは勤めなりけり」と家業専心を旨とするほか、生花・和歌・謡曲・舞・囲碁・将棋・茶の湯・狂言・発句などの諸芸に幼少からたしなむべしと記されている。生花は来客時のもてなしとして必須の素養であり、虹器の先家流華道が受容されたのである。

「年賀集」――虹器の芸術の集大成

図録であり文芸集でもある「年賀集」には、虹器の生花を中心に、漢詩・和歌・発句・連句を収録し、遠国からの作品も多い。凡例には、刊行に間に合わなかったものは掲載できなかったこと、事前調整の不備から同じ種類の花を使った作品に偏ったことなどを断っている。主要門人の協力のもとに刊行された還暦記念出版であるため、編集が急がれ、混乱があったようで、五冊本、三冊本、二冊本などが存在している。

虹器が最も力を入れた生花の図版は、三冊本では上巻に八九図、中巻に九四図、下巻に九五図、計二七八図が収録されている。虹器の作二二図、息子光同（号は鷲）の作九図、出雲の人二名、安芸の人一名のほかは門人帳に名のある者の作で、虹器門人の作品集ともいえる。

「年賀集」５冊本表紙
（高月一氏所有）

生花以外の漢詩・和歌・発句・連句については、公卿、儒者、国学者、神官、僧侶、医師、俳人をはじめ、商人や農民の作品も収録されている。地域としては江戸、大坂、京都、豊後、出雲、周防《すおう》といった全国規模である。まさに「年賀集」は江戸時代後期の南伊予から発信された化政文化★の精華《せいか》である。

岩城蟾居《せんきょ》

寛政元年（一七八九）に生まれ、文久四年（一八六四）に没した岩城蟾居《せんきょ》は、通称覚兵衛といい、魚棚三丁目の富商岩城屋本家の七代目である。父覚兵衛は家老安藤継明《つぐあき》の信任を得たといわれ、町年寄も務めたが、七代目覚兵衛は俳人として名を残している。蟾居は俳号である。俳句を京都俳壇に学び、蟾居の結社には全国から入門があったという。五十数歳で隠居し、俳諧や詩文に没頭した。句文集「波留冨久路《はるぶくろ》」をはじめ、俳句論や随筆集がある。蟾居の革新的な俳句理論は、写生の重要性、日常言語の使用など、正岡子規に先んじている。

昭和五十九年（一九八四）に復刻された『伊予吉田旧記第三輯　波留冨久路』は、吉田町に岩城蟾居再評価を促し、中央俳壇や俳句研究者からも注目された。昭和六十一年九月、町内有志によって「炬燵から見るや世情の人通」が刻まれた句碑が建立された。

高月虹器画「活花」
（高月一氏所有）

▼**化政文化**　文化・文政年間に発展した町人文化。元禄文化は大坂が中心であったが、化政文化は江戸から諸国に発信・波及した。

岩城蟾居句碑（吉田町西小路）

③ 武左衛門一揆

藩の苛斂誅求に三間の神官土居式部らが一揆を企てるも逮捕、獄死。紙専売制と紙方仕法に農民が憤激、吉田藩に未曾有の大百姓一揆が。一揆勢は宇和島八幡河原に集結、家老安藤継明が農民の面前で切腹。

土居式部騒動

吉田陣屋町から十本松峠を越えると、吉田藩の穀倉地帯三間《みま》盆地が広がる。その中心部に宮野下村がある。元は三島神社の門前町で、のちに吉田藩の在郷町として繁栄した。

宮野下村の中にできた宮野下町は、幅三間（五・五メートル）の直線道路の両側に奥行一五間（二七・三メートル）、長さは三町（三二七メートル）に及ぶ町人町である。吉田藩ではほかに、元禄七年（一六九四）に整備された松野町吉野も、土佐との物産流通で栄えた在郷町である。

宮野下町には、豪商法華津屋の出店（支店）、酒屋数軒、鍛冶屋数軒、紺屋数軒、ほかに傘屋、樽屋、金物屋もあった。大黒屋という置屋《おきや》があり、藩の重役や家族が則《すなはち》村の四国霊場第四十二番佛木寺《ぶつもくじ》に参拝した帰り、飲食遊興したという記録もある。宮野下町は物資の集散地でもあり、その品目には茶・蠟・酒粕《さけかす》・椎《しい》茸《たけ》・蕨《わらび》粉《こ》・金物などがあった。

土居式部騒動は、宮野下村の庄屋樽屋与兵衛と三島神社の神官土居式部清茂らが企てた一揆である。

五代村賢《むらやす》から六代村芳にかけての時代、天明二年（一七八二）から五年間に四回にわたる風水害で吉田藩は貢納《こうのう》が激減し、天明六年の相模川お手伝い普請での出費もあって、藩庫は枯渇した。吉田藩は産業振興に無為無策で、上方の商人からの借金、領内の富商からの献金以外は、基本収入である物成（年貢）に依存するしかなかった。一方、百姓は困窮をきわめ、三間郷では縊《い》死者《ししゃ》や餓死者の遺体が神社や河原に放置されていたという。

吉田藩は農民から苛斂《かれん》誅求《ちゅうきゅう》した。この頃、宇和島藩が調査したところ、米一俵★に四斗六升、大豆一俵に五斗（幕藩体制初期の諸藩は四斗）という苛税で、しかも納入にあたっては晴天に限った。雨天では米も大豆も湿気を含んで嵩が増えるからである。同じ理由により米、大豆を地面に置くことも禁じた。一俵に詰める米と大豆の量は百姓にとっても藩にとっても死活問題であり、その計量には藩側も農民側も神経を尖らせた。空腹と疲労で足腰もおぼつかない百姓が、年貢米を地面に置くことも許されず、担いで順番を待ったのである。

佛木寺

▼米一俵
宇和島・吉田両藩では俵に四斗二升の米を詰めたものを一俵とし、大洲藩も四斗二升、松山藩は四斗六升と、各藩で異なっていた。米一斗を量る一斗升の容量もまちまちであった。

天明七年の春、樽屋与兵衛と土居式部が、年貢米の計量に不正な升が使われたことを理由として、近郷の村々を糾合して強訴《ごうそ》に及ぼうとした。首謀者には樽屋と式部のほか、勘右衛門、磯七、萬助の名も伝わる。

郡奉行所の中見《なかみ》役（農村の調査官）鈴木作之進が未然に摘発し、樽屋与兵衛と土居式部は捕縛され、二人は獄死した。餓死とも拷問死ともいう。式部清茂の死によって戦国期の名将土居清良の後裔である神官土居家は絶えた。

鈴木作之進は、墓碑に「質朴忠勤、格禄しきりに進み、褒賞数々賜り」とあるから、能吏である。同年冬、鈴木は部下を伴って荒廃した村々を視察し、高齢者、親孝行な者、勤勉な者に菓子や酒を与えて労をねぎらい、百姓の信頼を得たが、六年後、未曾有の農民一揆★が起きる。

武左衛門一揆

寛政五年（一七九三）二月、土居式部一揆から六年後、吉田藩に一揆が起きた。前例のない大規模なもので、武左衛門一揆★と呼ばれるこの騒動は、小・中学校の教科書にも取り上げられた全国的にも有名な農民一揆である。

十八世紀後半、伊予国吉田藩は財政難から悪政に陥っていた。農民の困窮を見かねた百姓武左衛門は、何としても一揆を成功させようと決意し、門付《かどづけ》★の乞食《こじき》芸

土居式部の墓（三間・神護山白業禅寺）
上部が斜めに切り削がれ、藩の憎悪を物語るものと伝承されている。

▼**農民一揆**
江戸時代の百姓一揆は全国で約三二〇〇件。伊予で一五五件。宇和島藩六五、松山藩三四、大洲藩一九、吉田藩一五、今治藩五、西条藩四、新谷藩一、幕府領一二。伊予の百姓一揆は信濃、摂津、羽前（山形県）についで全国で四番目に多い。

▼**武左衛門一揆**
武左衛門一揆を『吉田町誌』は「吉田騒動」とし、「吉田藩紙騒動」とする諸書もある。「寛政吉田騒動」、「寛政吉田藩紙騒動」、「吉田藩寛政事件」などとすることもできるが、本書では一般的な「武左衛門一揆」とした。

人に身をやつし、三年間にわたって領内の農民を説得し、二四人の同志を得た。

武左衛門は、紙の販売権を独占して紙漉き百姓を苦しめる豪商法華津屋を打ち壊せと檄を飛ばし、領内八三カ村のすべてを決起させた。一万人近い百姓が集まったところで、武左衛門は法華津屋襲撃を一転して、宗藩の宇和島藩に訴える策を取り、宇和島城下の八幡河原に集結した。

八幡河原に駆けつけた吉田藩家老安藤儀太夫は、吉田藩に願書を出すよう説得し、群衆の面前で切腹して果てた。事態収拾に乗り出した宇和島藩は、一揆勢の要求をすべて認め、百姓の罪は問わないと約束した。百姓は帰村した。

吉田藩は一揆の首謀者の探索に躍起になった。役人は百姓から奸計を用いて首謀者の名を聞き出し、一斉に捕縛した。百姓が取り返しに来るのをおそれ、武左衛門の首をただちに刎ね、見せしめとして梟首《きょうしゅ》した。吉田藩は反逆人武左衛門の供養を禁じ、墓が建てられると取り壊したが、武左衛門を追慕する人々は、盆踊りの口説きなどで功績を後世に伝えた。

――以上が武左衛門一揆の概要である。話ができすぎているため、伝説か史実か疑問視され、武左衛門の実在さえも疑うむきがあったが、近年、新史料★が発見され、旧史料との比較研究の結果、武左衛門の正体が上大野村（旧日吉村。現・鬼北町）の百姓嘉兵衛であることをはじめ、伝承のほとんどすべてが史実であると判明した。

▼門付

門付とは人家の門前に立って芸を披露し、報酬を受ける行為である。武左衛門の芸は「ちょんがり」といい、全国的には「ちょんがれ」「ちょぼくれ」などといわれる語り・歌である。祭文を源流とするちょんがりは阿呆陀羅経、でろれん祭文ともいい、のちに浮かれ節、浪花節に変化した。ちょんがりをすることを「桁打ち」ともいう。武左衛門一揆の八年後に作られた「吝嗇ちょむかり」は、「ほんに皆様　聞いてもくんない　四国のうちにもかくれもござらぬ　宇和島御分知吉田のそうどう」と始まる。

▼新史料

「屏風秘録」平成三年、宇和島市下波浦の旧組頭宅の拝領屏風の下張りから大量の藩庁文書が発見された。廃棄文書を切断したもので、発見者清家金治郎氏が解読し、「屏風秘録」と名付けられ、のちに刊行された。「吝嗇ちょむかり」一揆直後に書かれたもので、西宇和郡三崎町明神の旧組頭宅で発見され、江田豊氏が昭和二十六年に『歴史評論第三六号』に一部を紹介した。平成八年、江田豊氏から日吉村「武左衛門記念館」に寄贈され、活用されるようになった。「庫外禁止録」は鈴木作之進の私記で、一部にのみ知られる史料であったが、平成七年、日吉村教育委員会から公刊された。

一揆の背景に紙の専売制あり

諸藩は特産品を専売制度（座）とし、塩、蠟、綿、紙などにそれぞれ座を設けた。宇和島藩では二代宗利の天和元年（一六八一）、楮元銀《こうぞもとぎん》の貸付制度を始め、産業として奨励した。後年にいたるまで断続的に専売制を導入し、六代村壽《むらなが》の時には専売制に特化し、その生産量は幕末になると激増した。

諸藩の紙産業は富裕な商人による資本投下によって始まる例が多く、吉田藩では両法華津屋がそれであった。従来、法華津屋は暴利をむさぼったといわれてきたが、実は多額の貸し倒れがあり、紙に関しては経営が破綻していたという。なお、紙漉き百姓の利益は零細で、順調な場合でも、年に米一石分が出るか出ないかであった。

法華津屋の貸付金は高利で、しかも紙を安く買い叩いた。紙漉き百姓の収入は激減し、他国に密売する者が出てきた。そうはさせじと藩は紙方役所（紙座）を設置し、紙方仕法★（運営方法）を定めて密売を厳しく取り締まった。取り締まりの下役《したやく》には無頼《ぶらい》の徒《と》（栄蔵、覚蔵という名が伝わる）が雇われ、農家に押し入り、乱暴狼藉の限りを尽くした。

紙の問題だけでなく、以前から藩の苛斂誅求によって多くの百姓は苦しんでい

▼紙方仕法
寛政四年（一七九二）十一月二十五日、紙方仕法を発令した。楮皮（一次加工品）を他領に出してはいけない、紙は一枚残らず紙商人が買い上げる、密売摘発のために紙方役所は手の者を巡回させる、浦々に寄港する他国船に抜け荷をする者がないよう監視する、楮と紙の値段は紙方役所が決める、楮元銀は両法華津屋に預ける、紙漉き百姓は一人あたり紙一丸半（三六〇〇枚）を法華津屋に納める、余剰分があれば三〇分の一を上乗せした値段で法華津屋が買い取る、というものであった。

た。かねて上大野村（旧日吉村。現・鬼北町）の百姓武左衛門は農民の窮状を見るに見かね、農家を戸別訪問して一揆の同志を募っていた。

寛政四年（一七九二）十二月十五日、百姓の不穏な動きを察知した吉田藩は郡奉行所役人を各村に派遣した。鈴木作之進には内通者からの手紙も届いていた。鈴木は十九日から三日間、村々をまわった。「願いの十が十までかなわぬということはない。それでは奉行所の面目も立たないではないか」と説得し、願書の提出を勧めた。代官らも村々を巡回、滞在した。年末年始にかけて一揆の風聞が絶えず、役人は右往左往した。翌る寛政五年一月五日、郡奉行が一揆の噂のある村々に出向いて百姓の願いを直接聞き、百姓は感激した。

一揆の噂を流しているのは「ちょんがり」らしいという情報を入手した鈴木は、取り締まりを強化する、と奉行所に報告した。鈴木は、紙方役所の覚蔵という手の者が何者かに射殺されたという情報も得た。

一月十一日、一七カ条の「改め方願書」が提出され、「願意は明春評議の上、何分の沙汰あるべし」ということで事態はひとまず鎮静した。十四日、宇和島藩目付多都味《たづみ》衛守《えもり》★が吉田藩庁を訪ね、吉田山奥七カ村の百姓が徒党したという風聞について訊ねたところ、「格別之儀無之（特に変わったことはありません）」と吉田藩役人は答えた。

十五日、鈴木作之進は家老飯淵庄左衛門に上申書を提出した。百姓が吉田へ出

▼多都味衛守
田都味とも。孫の多都味嘉門は江戸で田宮流を学び、幕末の剣豪の一人である。

て法華津屋を襲うか、宇和島に越訴《おっそ》する可能性があるので、紙方役所の廃止など根本的な解決が必要である、という内容である。

家老飯淵以下の評議があり、「法華津屋の貸金貸付、紙の買い入れは罪科とならない。紙座役人は職務に忠実にしたがったので咎めるにはあたらない。百姓はこれまで長年にわたって税を負担してきたのであるから、今日にいたって耐えられぬという道理はない」と判断した上で、一月二十三日、裁許を申し渡すことになった。

その内容は、法華津屋の専売を止めて藩がこれに代わる、楮元銀（貸付金）は藩が貸し、返済は御用紙として藩に納める、楮元銀以上に漉いた紙は紙買い業者に競争で買い上げさせる、というものであった。紙漉き百姓の願意は紙方役所の廃止、売買の自由化（運上すなわち税の定額化を含む）、古い借金の免除である。これらは土佐藩、宇和島藩では実現していた。紙方役所の廃止とは紙方役人の横暴と手先の無頼漢の凶行をやめさせてほしい、という切実な願いであった。

鈴木の上申書もむなしく、百姓の願いは叶えられなかった。郡奉行所の面目は丸つぶれとなった。

冬春の狸を見たか鈴木どのばけをあらわし笑止千万

鈴木を嘲《あざけ》る狂歌である。

鈴木作之進夫婦の墓（吉田・一乗寺）

武左衛門、決起する

二月三日、川筋★の村々から「出てこられるのをお待ちしてきましたが、片時も早くおいで下さい。合流したら相談の上、願書を出しましょう」と山奥の村々へ書状が廻された。同じ日、三間の村々から「紙役所は廃止すべきです。嘆願が叶わなかった以上、莫蓙《ござ》持参の上、宇和島様にお願いしたいと思っています。奥六千石★の出立を待ちかねています」と山奥一〇カ村へ廻状が出た。

二月七日、鈴木作之進は川筋国遠《くにとお》村の百姓五人に命じて「出訴は中止になった」と偽の書状を廻させたが、五人の中の幾之助という者が一揆の扇動《せんどう》者の一人だったので、鈴木の策は効果がなかった。

二月十日、一揆勢が蜂起した。山間部（山奥、川筋の各村）が蠢動《しゅんどう》し、三間の宮野下村への集結が始まった。法華津屋打ち壊しのために綯《な》った大綱（神社の護符、女の髪を綯い込んだ縄）をかざし、竹槍、鉄砲数百挺で武装した大群衆である。鈴木作之進は何人かを捕縛したが、勢いは止められなかった。川筋の代官平井多右衛門は、岩屋村で一揆勢の先頭の数名を捕縛したが、激高した百姓に追われ、庄屋宅に逃げ込んだ。屋敷に火をかけると脅され、平井は裏庭の垣根を破って裏山に逃走した。

▼川筋
陣屋町吉田の内陸部に中山間部の三間郷があり、山間部に川筋、山奥の村々があった。川筋、山奥は土佐藩領と隣接する。

▼奥六千石
山奥十カ村の総石高。

十一日、郡奉行の横田茂右衛門が、駕籠で出目《いづめ》村に駆けつけた。挟み箱の上に腰かけ、「奉行の横田である。願いの筋あらば申し出よ」と呼びかけたが、無視された。行列のうしろから「偉そうに座っておるのは誰ぞ。つき転ばして、たたき殺せ」と怒声が上がり、横田は駕籠で逃げた。取り囲まれ、舁夫《かきふ》は一目散に逃げた。横田も泥田の中を逃げた。

　横田からあぜ道つとう逃げ上手切るべき腹も逃げてすますか

と狂歌にある。

宇和島藩の代官友岡栄治、吟味役鹿村《かむら》覚右衛門、それに役人二名と庄屋二名が一揆勢の行く手を遮った。事情聴取には武左衛門が応対し、分別ある態度に友岡らは感嘆した。友岡の勧めで、山奥の村々は宇和島藩への願書を提出することとした。三間の元宗《もとむね》村にやってきた一揆勢は、かねて鈴木に言い含められていた庄屋丈右衛門が制止したが、若い丈右衛門は怒声を浴びせられ、なすすべもなかった。宮野下村集結までは禁酒が申し合わされていたが、群衆は元宗村の酒屋に押し入り、二石四、五斗をたちまち飲みつくした。

吉田藩は大乗寺、医王寺の僧を動員して一揆勢の鎮撫を試みたが、「吉田の役人は嘘つきじゃ。宇和島へ行って根を抜かんといけんぞ。狸坊主に化かされな」と相手にされない。鈴木らは駆け回って、「吉田へ願いを出せ」と声をかけるが、「大狸にだまされな」と群集は聞く耳をもたない。

法華津屋打ち壊しに用意された大綱（北宇和郡鬼北町　武左衛門一揆記念館蔵）

寺僧の聞き取りは、願いを一つ聞き終えたかと思うと、大勢が横から口を出し、初めからやり直すという調子で、困難をきわめた。僧侶らは、主導者（頭取）を処罰しないこと、紙方役所を廃止すること、この二点を約束しなければ収拾がつかないと結論し、奉行の横田に報告した。横田は「紙方役所の廃止なくしては解決はない」として部下の二関古吉を吉田へ走らせた。

吉田では重役が激論していた。郡奉行小島源太夫は「いまさら私にどうされよとおっしゃるのですか。私は控えております」と激高して席を蹴った。紙方仕法は郡奉行所に相談なく定められたので、郡奉行以下は批判的だった。

末席家老の安藤継明は、正月の申し渡しをすぐに引っ込めたのでは藩の権威にかかわる、しかしこのままでは藩存亡の危機になりかねない、と悩んだ末に、「紙方仕法の廃止はやむなし、万事を任せる」と奉行小島を督励《とくれい》した。

小島は上役の目付久保半左衛門と同行して宮野下へ走った。途中、二関古吉と遭遇した。三人で相談し、紙方仕法の廃止を百姓に伝えることとした。頭取の処分については結論が出せなかったが、とりあえず裁許状を書き、寺僧に渡した。

そこへ、目付井上治兵衛が騎馬武者姿で駆けつけると、「吉田の狸侍が馬に乗って偉そうな。こかしてやれ」と怒声を浴びせられた。群衆の怒号に驚いた馬は井上を振り落とし、井上は泥田を逃げまわった。

群衆は宮野下の法華津屋出店に押し入って酒を飲み尽くし、酒屋の桑名屋にも押しかけた。桑名屋は炊き出しで一揆の群衆をもてなした。桑名屋は土佐の紙を売買する鑑札を持っていたが、紙専売制によって売買ができなくなり、紙漉き百姓と利害が一致していた。

小島源太夫は宇和島藩庁に出向いた。井上治兵衛も来ていたので、二人で奉行の徳弘弘人、鈴木忠右衛門と面談した。その上で、二人は城下丸之内の筆頭家老桜田監物邸を訪ね、一揆の状況を報告した。この夜、一揆勢の一部が決起を呼びかけるため、松明《たいまつ》をかざして吉田方面へ向かった。

十二日、宮野下に屯集した一揆勢は、宇和島へ打って出るかどうか迷った。もし宇和島藩が相手にしてくれなかったら、大洲藩か土佐藩に出なければならない。そこまで勢いを保てるかどうか。

宇和島藩の鹿村覚右衛門以下役人は、宇和島藩に願いを出して公明な裁許を受けよ、と慫慂《しょうよう》★する。これに対し武左衛門らは、「全村が揃わぬうちは願いは出せない」と口を閉ざす。「今後、年貢は宇和島様に納めたい」と三間勢は無理難題をいう。宮野下の一揆勢は混乱した。

十三日、夜来《やらい》の雨が激しい中、一揆勢は七五〇〇人に増えていた。混乱のうちにも一揆勢は宇和島城下の八幡河原をめざすこととなった。この頃、吉田藩の飛び地である宇和島南部の蔣渕《こもぶち》、下波《したば》、北灘《きたなだ》の浦方下《しも》三カ村の漁民が宇和島城下の佐伯《さいき》町番所に到着し、通行を許された。

▼慫慂
誘いすすめる。

家老安藤継明の割腹と一揆の終熄

二月十四日、八〇〇〇人に近い一揆勢が伊吹八幡神社前の八幡河原に集結した。雨の降りしきる中、群衆は疲労、空腹、寒さで消耗困憊《こんぱい》していた。

大群衆が蝟集《いしゅう》する河原に炊煙《すいえん》が上がった。城下の富商数軒が藩の許可を得て炊き出しを始めたのである。前年の六月二日、満二十九歳で初めて宇和島に入国し、領内仕置を学んでいた御曹司《おんぞうし》様伊達村壽《むらなが》は、一揆勢に米と雨をしのぐ資材を供することを命じた。

家老安藤儀太夫継明は八幡河原に赴き、代表者を呼び出して、吉田藩に願書を出すよう説得した。説得が容れられないと知ると、安藤はその場で腹を切った。介錯せよという安藤の叫びに家来は茫然自失、目もあてられないありさまになった。安藤継明は世襲家老ではなく、宇和島藩主村候《むらとき》に推挙されて家老職となった末席家老である。飯淵、尾田ら世襲家老はうろたえるばかりだったが、安藤が騒動の解決に一死をもってあたったのは、そのへんの事情もあったのかもしれない。

安藤切腹を知った宇和島・吉田両藩の重役は驚愕した。おりから宇和島藩月番家老桜田監物は吉田藩家老尾田隼人と面談中であったが、安藤切腹の報を聞いた尾田は顔面蒼白、心神喪失のていとなった。「吝嗇ちよむかり」は、尾田は「ふ

八幡河原

「安藤継明忠死之地」の碑

だまをぬかして　火鉢を踏むやらお色も青ざめ　股だちとりあげうろたえさわ」いだと揶揄《やゆ》している。

桜田は「儀太夫切腹は早かりし、もってのほかの大不忠者め」と叫び、「うろたえ召さるな」と尾田を一喝した。尾田は役所に戻ると、服薬するやら按摩をとるやらのありさまであった。桜田が安藤を不忠者と罵ったのは、安藤よくぞやったとほめれば、尾田も腹を切るのではないかと懸念したからともいう。

翌る十五日、一一カ条の願書が出された。十六日、一揆勢は帰村した。

宇和島藩は農民の主張をすべて認めた。

○紙に関する借金は五年間支払いを猶予《ゆうよ》し、その後に協議する。
○米一俵を四斗とする。
○米上納の際、雨天であっても納めることができるよう小屋掛けをする。

という全面的な譲歩である。宇和島藩はさらに百姓難儀の一二カ条を加えた二三カ条を聞き届け、一揆の主導者については処罰しないこととした。

一揆を手引きしたのは宇和島藩であるとの説がある。宇和島藩が一揆を利用して吉田藩を横領しようとしたという。安藤切腹の翌日、宇和島藩の家老桜田数馬、目付渡辺半兵衛が多数の家来を引き連れて陣屋にのりこみ、「騒動のおりなれば、御朱印（領地朱印状）を預かる」と申し入れたところ、中老★の郷六《ごうろく》恵左衛門が「槍にかけても渡さぬ」と突っぱねた、という伝承もある。講談めいた話で、

▼中老
家老職に次ぐ職階。

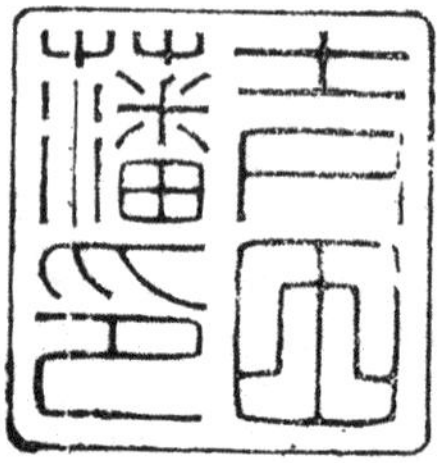
吉田藩朱印

信じ難いが、いずれにしても宇和島藩の三万石横領説には疑問がある。

おさまらないのは吉田藩で、一揆の首謀者探索に血眼《ちまなこ》になった。二月二十日、川普請（田植えの前、春先に行われる河川修復工事）が始まった。例年にない好条件で雇用した百姓らに、井川方役人★岡部二郎九郎（八郎左衛門とも）は慰労の酒食を振る舞い、自らも酔ったふりをし、「頭取ら（一揆の指導者たち）の働きはまことにあっぱれであった」とほめちぎり、「かれらを士分に取り立てたいという声もあったものを」と嘆息した。酔った百姓は口々に首謀者の名を明かした。

四月十四日の暁前、多数の捕吏《ほり》が寝込みを襲い、頭取らを一斉捕縛した。岡部は目黒の滑床《なめとこ》（松野町）の滝見物★に出かけて不在だった。帰ってきた岡部は、「わしがいれば何とかできたものを」と百姓らの前で悔しがってみせた。百姓らは岡部の芝居にまんまと乗せられ、いっそう心服したという。

鈴木作之進の記録によると、二三名が逮捕され、八二名が取り調べを受けた。一揆の頭取（首謀者、扇動者）は九名である。武左衛門は吉田へ連行される途中、下大野村の村はずれの筒井坂で斬首された。首には「反逆人武左衛門」の札を付け、上大野村と下鍵山村の境、堀切のある街道に七日間さらされた。

ほかの者は永代入牢《えいたいじゅろう》となった。獄中死した者もあったが、安藤継明の一七回忌の時、庄屋や僧侶からの嘆願があり、赦免されて帰村した。なお、首謀者の逮捕と武左衛門の刑死は、翌年説、翌々年説もある。

▼井川方役人
河川、溜池、井戸の監督をする役人。

▼滝見物

滑床の雪輪の滝（日本の滝百選）

義農武左衛門と神に祀られた安藤継明

一揆の頭取には三間の是房村の善六（伝六とも）の名も伝わるが、上大野村（旧・日吉村、現・鬼北町）は武左衛門を僻村に稀なる英傑、義農として崇敬し、功績を語り継いだ。武左衛門が三年にわたってちょんがり（桁打ち）で農民を説得し、二四人の同志を得て一大一揆をまとめあげた、というのは新史料では証明できないが、日吉村初代村長井谷正命《まさみち》（一八六七〜一九三四）は史料（旧史料）を渉猟・研究し、武左衛門と二四人の同志の顕彰に努めた。

正命の子の井谷正吉《まさよし》★も父の遺志を継いで武左衛門らを顕彰し、その功績を世に広めた。その努力の結果、武左衛門一揆は歴史年表や教科書に載るまでになった。

吉田では非業の死を遂げた安藤継明を崇敬し、安藤はしだいに神格化され、海蔵寺に廟が建てられ、明治六年（一八七三）八月、吉田桜丁の安藤屋敷跡に継明神社（のち安藤神社）が建てられた。

武士の鑑は安藤神社　末の世までも名は朽ちぬ　野口雨情

神社の前には「安藤さまは私達のお手本です」と刻んだ石碑★があり、平成の現在も「安藤様」として町民の尊崇を鍾《あつ》めている。安藤継明は文武両道にすぐれ、槍術の達人で、和漢の学問にも通じ、古典の造詣《ぞうけい》が深かったという。

安藤神社

安藤神社、安藤氏家紋「喰違七引両《くいちがいななつひきりょう》」の紋瓦

▼井谷正吉
農民運動家。賀川豊彦、堺利彦、山川均らと交友し、大正十一年、帰郷した井谷正吉は「明星ケ丘我等の村」を開村、五月一日、四国初のメーデーを挙行した。「明星ケ丘」は与謝野晶子の命名による。戦後は社会党代議士として活躍。一八九六〜一九七六。

▼石碑
吉田三傑の一人村井保固（やすかた）の言葉を刻んだもの。

この事件を題材とした文学作品として中西伊之助★の戯曲「武左衛門一揆」がある。昭和二年（一九二七）、解放社から刊行されており、すでに大正時代には武左衛門一揆が愛媛県外にも認知されていたことが窺える。ほかに、南條範夫の短篇「桁打武左衛門」（昭和四十五年『オール讀物』）、三木一郎「重い雨」（昭和五十一年、第一回歴史文学賞）がある。

藩校「時観堂」を創設

村芳の事績として藩校「時観堂」の創設が特筆される。宇和島藩の内徳館（のちに敷教館、明倫館）に遅れること四十六年、寛政六年（一七九四）十一月二十七日、藩主村芳臨席のもとに、教授森嵩の論語の講義をもって開校した。

時観堂は横堀大橋のたもとの桜丁に建設され、床の間に孔子を祀った八畳の教授室、八畳の教授補室、二四畳の講義室があった。中庭を隔てて儒官の官舎があり、その左右に槍術と剣術の道場があった。入校できるのは九歳から二十歳の藩士の子弟で、午前九時から漢学・国学の講義や習字があり、午後三時からは夕稽古という武術鍛錬が行われた。

時観堂初代教授の森嵩は通称峻蔵、退堂、遜享、華山などと号した。俳号は雨外。明和三年（一七六六）十二月二十日、京都に生まれた。儒学者亀井南冥の博

村井保固の言葉を刻んだ石碑

▼中西伊之助
プロレタリア作家。労働運動家、共産党代議士。京都府宇治市生まれ。一八八七～一九五八。

井上四明書「時観堂」扁額

多唐人町の私塾に学び、江戸に下って岡山藩儒者の井上四明に師事した。寛政五年（一七九三）、二十八歳で吉田藩儒者に召し抱えられた。

翌年六月、村芳の吉田初入部に随伴し、時観堂の創設に参画した。時観堂教授のほか、近習、記録方、届方、小姓頭を歴任した。文化十四年（一八一七）三月、吉田藩の通史「藤蔓延年譜」を著し、村芳に献じた。文政四年（一八二一）十月二十九日没。森退堂には一片の逸話も残っていない。謹直な学究の人であったと思われる。

その後の伊達村芳

寛政八年（一七九六）、満喜姫と結婚した翌年、吉田藩は財政再建策として家臣の減俸を断行した。この時、村芳はまだ十八歳、重臣の意見を容れたものであろうか。損耗については、寛政十一年は旱魃で一万八千七百二十二石、享和三年（一八〇三）は洪水で一万二千百二十石、文化十二年（一八一五）は洪水で一万七千四百四十三石を失っている。

文化五年の朝鮮使節に際しては、二八五両の上納金を五年の年賦で徴せられた。文化十年には関東川筋普請に三八七〇両余りの出費があった。この年、村々に対して風儀順守、諸事出精の心得を命じた。

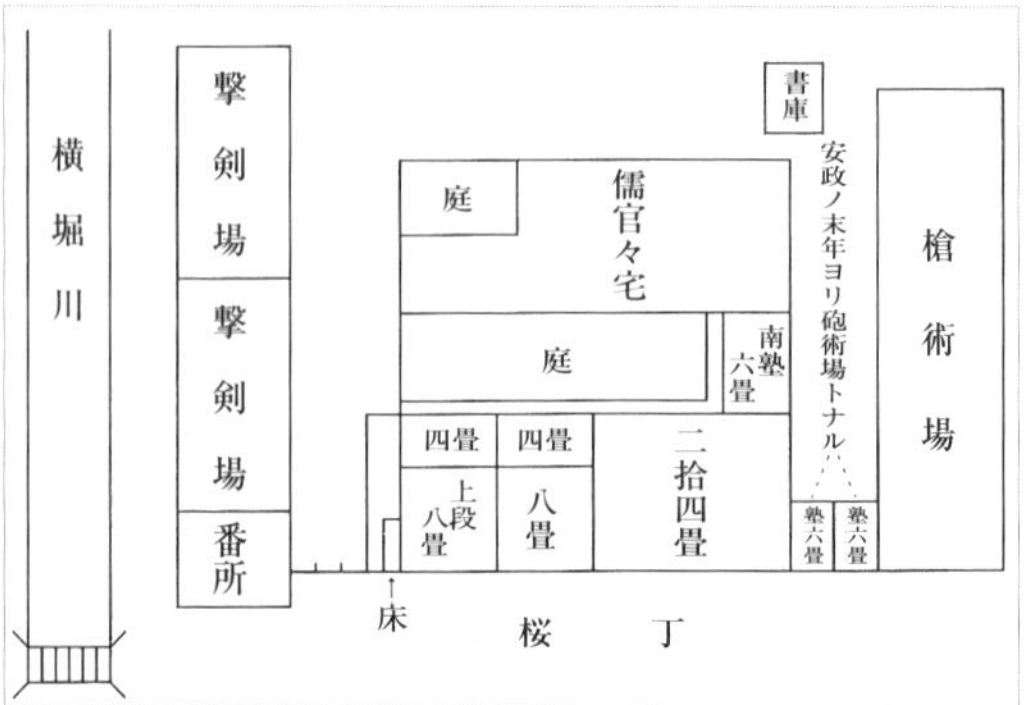

時観堂見取り図

時観堂の開設によって藩士の教育が盛んとなり、文武が奨励されたが、村芳自身も「温厚篤実で、敬神の念に富み、学問を好み、文芸を理解し、書画に巧みであった」という。文化十年秋、八幡神社に随身門を寄進し、自らが描いた絵馬を奉納した。夫人の満喜子は教養豊かな女性で、文芸の才能に秀でていた。年齢も同じで、共通の趣味や話題を通じて夫婦仲はよかったと思われる。男子は得られなかったが、寛政八年六月、一女於敬《おたか》をもうけた。

村芳は文化十三年五月、宇和島六代藩主村壽の六男伊織（のち宗翰《むねもと》）を敬姫《たか》の婿に迎えて養嗣子とした。伊織は寛政八年六月十九日の生まれで、敬姫とは同年の二十歳であった。村芳は同年十一月六日に隠居して宗翰が家督を継ぎ、四年後の文政三年八月十三日、江戸で病没した。四十二歳。

伊達村芳

生年：安永七年三月八日（一七七八年四月五日）
没年：文政三年八月十三日（一八二〇年九月十九日）
実父：伊達村賢《むらやす》
生母：弓《ゆん》（村賢側室）
正室：関宿藩主久世広明の娘満喜子

これも吉田

この人も吉田人
吉田三傑

吉田町は山下亀三郎、村井保固《やすかた》、清家吉次郎《きちじろう》の三人を「吉田三傑」とし、郷土の偉人として尊崇顕彰している。筆者は山下亀三郎を別格と考えるが、吉田の人々にとって三人は同格なのだという。

海運王山下亀三郎

山下亀三郎は慶応三年（一八六七）、喜佐方村の庄屋の家に生まれた。十六歳のとき出奔したが、あえなく宇和島で知人に保護された。母は「大手を振って帰れるようになるまでは吉田の地を踏むな」と伝言して会おうとせず、「亀が人に迷惑をかけるようならいっそコロリ（コレラ）で死にますように」と氏神に願をかけた。

上京し、職を転々とし、浮沈めまぐるしい人生を送ってきた亀三郎に、明治三十六年、人生の転機が訪れる。念願の船主になったのである。

山下亀三郎

船を買ったのは、盟友秋山真之（松山市出身の海軍軍人。日本海海戦の参謀）から「日露開戦近し」との情報を得たからである。第一喜佐方丸、第二喜佐方丸ともに軍の傭船となり、巨万の富を得た。

明治三十九年一月六日、亀三郎は晴れて故郷に凱旋、喜佐方丸を吉田湾に投錨した。郷土出身の今太閤を一目見ようと、甲板に立錐の余地がないほど人が溢れた。その中に母がいた。「亀よ、この船に泊まらせてくれんかのう」という母の言葉に、亀三郎は男泣きに泣いた。「いまにこの船より大きい家を建ててやるけん、今夜は陸で泊まろう」

後日、亀三郎は母のために海を望む別荘を建てた。

自分は無学文盲なので契約書一つ書けない、などと馬鹿を装い、「泥亀」と蔑称されながらも、亀三郎は政財界や軍部との人脈づくりに東奔西走し、明治四十四年、山下汽船合名会社を設立した。大正三年、第一次大戦の軍需景気で山下汽船は世界有数の船会社にのしあがった。昭和十八年、東条英機内閣の顧問に迎えられるが、翌年十二月十三日、大磯別邸で病没。勲一等瑞宝章を授けられた。

亀三郎は海国男子として海賊藤原純友を追慕敬愛し、尊皇教育の最も徹底した昭和十四年、逆賊・朝敵である純友の顕彰碑を純友ゆかりの日振島の山頂に建てた。

別荘・別邸をいくつも建て、政財界人や軍人を招いた。小田原の別荘で死んだ秋山真之海軍中将は、亀三郎を「彼に三徳あり、よく人の教えを聴くこと、よく人を使うこと、乾坤一擲の離れ業を行うこと」と評している。

山下汽船からは多くの人材が輩出し、「山下学校」の異名を取ったが、南伊予の長浜町に生まれ、旧制宇和島中学を中退後、山下汽船の店童となった石原潔もその一人である。

石原潔は慎太郎、裕次郎の父で、家族と住んだ逗子桜山の家も亀三郎の別荘だった。

山下亀三郎は郷土の発展に尽くし、トンネルや運河の整備に尽力したほか、第一・第二山下実科高等女学校を開校した。前者は現在の吉田高校、後者は三瓶高校である。小澤征爾など世界的演奏家を輩出している桐朋学園の前身「山水育英会」も亀三郎の創設になる。

村井保固

村井保固（一八五四〜一九三六）は嘉永七年、御船手組の藩士林虎市の次男として生まれた。

幼時より学問に励み、家老熊崎家や大信寺に奉公し、十七歳のときに村井家の養子となった。明治十年、慶應義塾で福沢諭吉の教えを受け、犬養毅、尾崎行雄らと親交を結んだ。卒業後、福沢の紹介で財閥系商社森村組に入社、ニューヨーク支店に勤務し、事業拡大に出精した。明治十九年、キャロラインと結婚、明治三十七年には大倉孫兵衛とともに日本陶器合名会社（現、ノリタケカンパニーリミテド）を設立、高級食器の輸出で成功した。

村井保固

二十六歳の初渡米以来、太平洋を横断すること九十回という。大正六年には洗礼を受けてクリスチャンとなった。郷土の育英・社会事業に尽力し、屋敷跡に開設した村井幼稚園は現在も健在である。昭和十一年二月十一日、病没。墓は吉田の海蔵寺とニューヨークにある。

清家吉次郎

清家吉次郎

清家吉次郎（一八六六〜一九三四）は慶応二年九月十四日、喜佐方村に生まれた。山下亀三郎とは一つ違いの乳兄弟で、竹馬の友であった。明治二十二年、大洲尋常小学校の訓導となり、以後、南伊予の教育界で活躍した。明治四十四年、県会議員に初当選、これ以後、県政に邁進した。

大正七年に町長となり、吉田の発展に尽瘁。町長在職中の昭和五年と昭和七年には衆議院議員に当選し、五・一五事件直後の臨時議会での荒木首相への質問演説で清家吉次郎の名を全国に知らしめた。短歌、俳句、酒、謡、菊づくりをこよなく愛した趣味人でもあった。

これも吉田

幕末吉田綺人伝

二宮長六

吉田藩に仕えた棟梁二宮家に生まれ、十六歳で浜通りの住吉神社の設計をした。本殿両袖の鯉の滝登りの彫刻も長六の作。大坂の御用蔵の改築、江戸藩邸の改築に手腕を発揮し、大いに名をあげて吉田に帰国した。四国霊場四十一番札所の仏木寺の大日堂は長六の傑作の一つである。讃岐の金毘羅宮の社殿も長六の設計に倣ったものであるという。

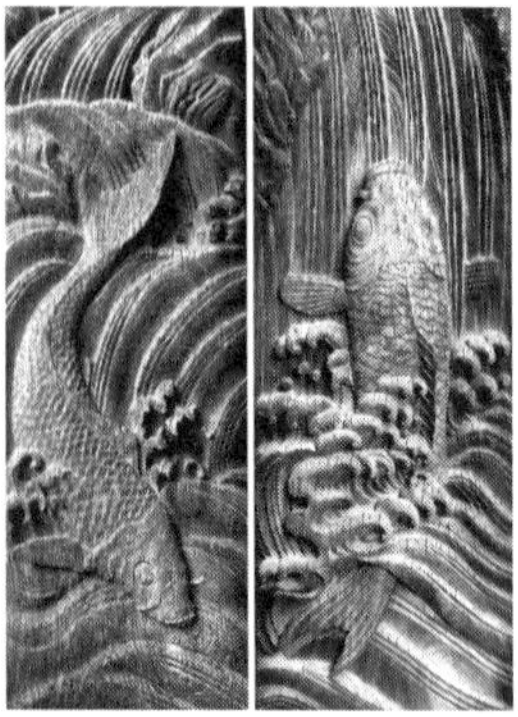

二宮長六作・鯉の滝登り
（住吉神社）

幕末、八代宗孝が改築した陣屋の御殿大広間と玄関は長六会心の作で、一本の釘も使わず、切組みで作られ、安政の大地震にもびくともしなかった。二宮家は昭和四十九年に最後の棟梁が没するまで、三百年にわたって吉田大工の伝統を守り続けた。

小山吉右衛門

幕末、御船手の歌頭をつとめた。歌頭三瀬喜右衛門に師事し、喉から出血するほど修行に励んだ。喜右衛門の推挙もあって歌頭になったが、歌頭は三瀬家の世襲制であったので、異例のことであった。八幡神社の祭礼では、藩主ほか重役にも乞われて喉を披露したが、いつ果てるともなく、翌朝に及んだ。吉右衛門は長唄から俗曲まで何でもござれ、江戸っ子大名宗孝のお気に入りで、吉右衛門の喉は諸侯にも評判だったという。

石井治兵衛

幕末の頃、日本一と謳われた料理人。江戸に生まれ、京都の鷹司家に仕えて四條流の奥義を究めた。江戸に帰ったところを、一流好みの藩主宗孝に懇望され、料理方として仕えた。幕府が高禄で召し抱えようとしたが、「公方様の千石より吉田様の三人扶持」といって応じなかったという。

暇さえあれば小豆一升を板の間に撒き、箸でつまむ訓練をし、その包丁の技術は天才的で、宴席に出した鯔の刺身が飛び上がったという逸話がある。

料理の故実にも通じ、公家衆下向の際には幕府に召し出されて指導にあたったが、その態度は威風堂々、幕吏など眼中にしなかったという。

明治元年の秋、宇和島九代藩主伊達宗徳《むねえ》は朝敵となった仙台藩に降伏を説得するため東下することになり、その沙汰を持つため京都に滞在した。その儀に及ばず、ということで帰国、十月十八日に吉田御殿に立ち寄ったが、供された昼食を「京都はもちろん、大坂でもこれほどの美味はない」と大絶賛している。料理人は石井治兵衛であったろうか。

第五章 幕末・維新の吉田藩

放蕩大名宗孝は諸藩に佐幕を説き、側室には毒殺疑惑、吉田藩はお家騒動に。

1

七代伊達宗翰の善政

名君宇和島七代宗紀の弟七代宗翰は、財政再建、産業振興に取り組む。
六代村芳夫人満喜子は和歌に秀で、藩医・歌人の本間游清に師事する。
満喜姫、本間游清、奥女中横山桂子らによって江戸藩邸に花開く文芸。

村壽の二人の孝子

宇和島藩の六代藩主伊達村壽《むらなが》は五代村候《むらとき》の四男で、母は村候の正室である佐賀藩主鍋島宗茂の息女護《もり》姫である。

歴代最長六十年にわたる村候の治政はたいへん優れたものであったが、天明の飢饉によってついに藩財政は破綻した。きわめて厳しい状況下で宇和島藩主に就任した村壽であるが、三十年間の治政は村候の善政を継承し、倹約の徹底、産業の振興、貨殖事業などで財政再建を図った。

村壽の正室は仙台六代藩主伊達重村の娘順《むね》姫であるが、男子に恵まれず、側室なを★の産んだ長男宗紀《むねただ》が宇和島藩を継いだ。なをが産んだ四男宗翰《むねもと》は吉田六代藩主村芳の娘於敬《おたか》（敬姫）の婿養子となり、吉田藩を継いだ。すなわち、宇和島七

▼なを
藤蔓延年譜には「家臣田中安兵衛の養女実は江戸医師何某の女直」とある。

代藩主宗紀と吉田七代藩主宗翰は同腹の兄弟である。なお、宗翰のもう一人の実兄は、備中浅尾藩八代藩主蒔田《まいた》定祥《さだゆき》の養嗣子に迎えられ、旗本蒔田定邦となった。五代村候と七代宗紀は天下に稀なる名君で、逸話も多いが、この二人にはさまれた六代村壽は影の薄い藩主である。ではあるが、宗紀を宇和島藩主に、宗翰を吉田藩主に据えたことだけでも大いに評価されるべき賢侯といえよう。

　宗紀は文化九年に将軍家斉に御目見し、そのまま江戸にとどまっていたが、村壽の代理として文化十一年に帰国した。この年の七月二十八日、弟の駒次郎（宗翰）と七名の藩士で槍術の稽古をしたという記録がある。宗紀は文化十四年から政務を代行し、文政七年、三十五歳で正式に藩主となった。宗翰が吉田藩主を襲封したのは文化十三年（一八一六）二十一歳の時で、四歳年上の宗紀が宇和島藩を襲封する八年前である。

　村壽の隠居生活は美食と遊興に明け暮れた。大屋形様★付きの宇和島藩士三浦義信が書き残した「勤書日記書抜」には村壽の日常が記されている。文政十年一月十六日、村壽は吉田藩主宗翰と共に狩りを楽しみ、義信が野添を務めた。二月五日、村壽は吉田領南君浦《なぎみうら》で兎狩りに興じている。八月二十三日、村壽が吉田八幡神社の祭礼見物をしたいというので、三浦義信は下見のために吉田に赴いた。九月十五日、村壽は続々と繰り出される祭礼のお練り★を満喫した。宗翰は美酒佳肴《かこう》でもてなし、父子交歓のひと時を過ごした。

六代村壽の墓所
（龍華山等覚寺）

▼大屋形様
五代村候は「本末の争い」以後、当代藩主を「屋形様」、先代藩主を「大屋形様」と呼ぶよう命じた（先々代藩主が存命であれば御隠居様）。次期藩主は「御曹司様」である。吉田藩では「殿様」、「大殿様」、「若殿様」と呼んだ。両藩ともに、家中文書・町家文書には当代藩主を「御上」「御上躰様」と記している例もある。

▼お練り
神輿に随う邌《ね》り物《もの》の華麗な行列。今なお吉田に伝承されている。

宗紀は側室の子である自分を世嗣とし、藩主に引き立てた村壽に孝養を尽くした。美食家の村壽は鳥と鰻を好んだようで、宗紀は村壽に鳥料理を献上するため、自ら鳥猟に出かけたこともあった。宗翰が村壽へ野鳥一四九羽を贈り、宗紀が自ら選別して食膳に供したという記録もある。宗翰も宗紀に劣らぬ孝子であった。

天保七年二月、村壽重病の報に宗紀は急遽江戸から宇和島に帰国し、最期を看取った。宗翰もそうしたかどうか、記録がない。ともあれ村壽の十二年間の隠居生活は、二人の孝子に恵まれ、さだめし幸福であったと思われる。

宗翰の治政

宇和島七代藩主宗紀は、倹約を率先垂範し、殖産振興に努めた。大坂商人からの二〇万両に及ぶ借金を、二十年以上前の古借金は帳消しとし、残りを無利息二百年賦《ねんぷ》償還とした。この事実上の踏み倒しによって藩庫を潤すほか、幕府に海防策（軍艦建造）を建言し、幕末の国事斡旋にも活躍した。将軍継嗣問題で八代藩主伊達宗城《むねなり》に累が及んだ時、宗紀は大老井伊直弼★と対峙した。

史料は乏しいが、宗翰《むねもと》は宗紀と血を分けた兄弟であり、資質からしても宗翰は名君であったと考えられ、その殿様ぶりを窺わせる逸話がある。

宗翰の酒宴に影山才右衛門という家来が列座した時、七合入りの大盃《たいはい》が下賜《かし》さ

「お練り」浜通りの中休み
（『吉田町誌』より）

▼井伊直弼
宇和島藩祖伊達秀宗の室は彦根藩主井伊直政の長女亀で、宇和島藩と彦根藩は縁戚関係にあり、強気の井伊直弼も伊予入道宗紀には一目置いていた。

れ、家来たちは形ばかり口をつけて次々にまわした。才右衛門は大盃を一気に飲み干すと、頭に冠《かぶ》り、猩猩《しょうじょう》の舞を演じた。一同は息をのんだが、宗翰は手を叩いて喝采した。

江戸城登城にあたり、富岡團内《だんない》という宗翰の草履《ぞうり》取りが主君の退出を待って控えていた。下城時刻となり、大小名家の草履取りが我先に玄関前をめざす中、富岡をだしぬいて前に進んだ者があった。富岡は激怒し、その者の襟首をつかんで三間ばかり後ろへ投げ飛ばした。これを見ていた宗翰は大いに喜び、屋敷に戻ると盃を下賜した。

文政元年（一八一八）五月二十七日、宗翰が深泥御籔《みどろおやぶ》に遊んだ時、筍番《たけのこばん》文七の子どもが番小屋で騒いでいた。恐懼《きょうく》した小姓頭の戸田三太夫が宗翰に謝ったところ、まあよいではないか、とお咎めがなかった。

宗翰の鷹揚な性格と家臣を慈しむ姿が髣髴とする。

宗翰は母である村芳夫人満喜子の勧めで岡山藩の儒学者井上四明に学び、井上門下の吉田藩士村井則民を藩校時観堂の教授に登用、碩学《せきがく》伊尾喜鶴山を儒者にするなど、吉田藩の学問振興に努めた。また、領内の産業振興や雇用対策に努め、大坂商人からの積極的な借金によって財政再建を図った。以下、その事績を抄出する。

文化十四年九月十一日、財政困窮のおりから、藩士及びその家族、下人にいた

宗翰・黒印

伊達宗紀（春山公）
（宇和島伊達文化保存会蔵）

るまで八幡神社祭礼の芝居興行や見世物を見物することを禁止した。

文政二年、率先して村方浦方を視察した。
文政五年、倹約令を発した。文書「御省略之覚」によると、

○毎年夏の代官による作柄調査（耕し御見分《おみわ》け）を廃止する。

○代官所役人が田畑の状態を監督（草修理御見分け）することを廃止する。

○郡奉行所中見役による草修理御見分けを廃止し、下級役人が代行する。

○代官が名寄せ改め★に出張するのを廃止、併せて名寄せ帳の新規作成も廃止。庄屋★役人が代官所に出頭して名寄せ改めを受け、古い名寄せ帳の改訂で済ませる。

○役人出張の賄いは一菜とし、酒を出すことを禁止。

という内容で、庄屋や村の接待の簡素化と負担軽減を図った。接待の賄いを一菜とし、酒を禁じているが、役人の綱紀粛正もめざしたものであろう。

その一方、村・浦に厳しい倹約を命じた。衣服、履物、髪型、日用品、飲食、住居、冠婚葬祭、娯楽などに関する二六カ条の細かな規制である。これに従わなかった者は罰せられた★。

家中にも倹約を命じたが、これと並行して家士に内職を奨励し、足軽・中間《ちゅうげん》に職人の技術習得を命じるなど、藩士の生活維持にも配慮した。

一　文武の暇に相応の内職苦しからざる事

一　諸番人は、弓矢弦・火縄・腰物細工・研師《とぎし》・鞆巻《つかまき》・鞘師《さやし》・張物その他、何

▼名寄せ改め
地籍調査。

▼庄屋
三間の旧是房村庄屋毛利家の屋敷は愛媛県内に二例しか現存しないL字形の角屋を有し、ほぼ往時の姿をとどめている。土蔵には二〇〇〇点余りの古文書が保存され、三間農村史や吉田藩史の貴重な史料として解読が進められている。

▼罰せられた
その例として、文政八年八月七日、立間尻浦の百姓某の娘が御禁制の衣類を着用していたので、郡所でお叱りの上、かすり白地帷子《かたびら》、下帷子、秩父腰帯の三品を没収、外出を禁止した。天保二年（一八三一）八月七日、朝川（現・浅川）浦某の娘が、医者と士分の婦女子のほかは使用できない日笠を着用して宇和島へ出かけたので、某と倅《せがれ》、本人に五日間の外出禁止を申し渡したという記録がある。

にても内職勝手次第の事。
一　足軽・中間は、石方・壁方・瓦師・屋根葺・竹細工その他、何にても見習うべき事。

このように、家中に公然と内職を許し、足軽・中間の職人兼業も奨励した。

文政六年三月、家中・町家を問わず、余裕のある者に御借上銀を命じた。

文政十二年三月二十一日、江戸で大火があり、藩邸に類焼した。

天保三年、旱魃による飢饉。領内の穀物が不足し、米価が高騰した。

天保四年一月、窮民救済対策として陣屋町周辺の河川の浚渫工事を始め、従事した老若男女に米を支給した。

天保五年二月、江戸屋敷類焼。

天保六年九月十三日、津留《つどめ》をして領外への穀物の流出を禁じた（「御領分の穀物他所売堅く仕らざる様致す可き事」）。

天保七年十一月、津留によって生じた余剰米を買い上げた。

天保八年一月末、三間宮野下の吉田藩総鎮守三島神社において諸作成就の祈禱をした。家老以下役人多数が参詣、庄屋は裃を着用して参詣。

三月、窮民対策の河川浚渫工事を再開した。

天保九年、幕府巡見使が来藩。家中、町年寄、庄屋らが接待。

天保十年、旗本山口直勝の三男鍋之助（のち伊織、宗孝《むねみち》）を養嗣子とする。

毛利家の角屋（三間町是能）

天保十四年六月二十四日、致仕する。吉田堀に隠居所の建築始まる。

天保十三年、宇和島領宇和赤間《あかんま》と三間黒井地の境界論争起きる。

弘化二年（一八四五）七月八日、宗翰は吉田にて五十歳で死去。大乗寺に葬られた。敬姫《たか》は落飾して浄珠院となり、嘉永三年（一八五〇）六月、五十五歳で没した。

伊達宗翰

生年：寛政八年六月十九日（一七九六年七月二十三日）
没年：弘化二年七月八日（一八四五年八月十日）
実父：宇和島六代藩主伊達村壽
生母：なを（伊達村壽側室）
正室：伊達村芳の女敬子（婿養子）

吉田藩に開花した芸術文化

三万石の外様小藩に過ぎない吉田伊達家であるが、国許の吉田で御用商人らの文化芸術活動が隆盛したことは前章で述べた。

ここでは江戸藩邸を舞台に花開いた文芸について紹介する。

宗翰室の墓（大乗寺）

七代宗翰の墓（大乗寺）

歌人としての伊達満喜子

安永七年（一七七八）五月三日、下総関宿藩の姫として江戸に生まれた満喜子が伊達村芳に嫁いだのは十七歳の時で、御満喜様は大名家の姫君としての教養を身につけ、特に和歌に秀で、藩医で歌人の本間《ほんま》游清《ゆうせい》に国文学と和歌を学んだ。

文政三年（一八二〇）、村芳の死去により落飾して善性院となり、香雲尼とも称された。新藩主宗翰を補佐し、藩内の教育と文芸の振興に尽力した。

弘化五年（一八四八）、古稀の記念に歌集『袖の香』をまとめた。游清のすすめもあって、古稀の祝宴を催すかわりに製本し、周囲に贈った。題名は「古今和歌集」の「さつき待つ花たちばなの香をかげば昔の人の袖の香ぞする　よみびとしらず」からとり、序を游清が寄せ、游清門下で満喜姫に仕えた広瀬文炳《ぶんぺい》★の跋がある。春・夏・秋・冬・雑の五部構成で、作風は優美な古今調である。五首を以下にあげておく。

春雨　遠近《おちこち》の梢かすみて降る雨をおつる軒端の雫にぞ知る

扇不離手　いささかの風と思へどつかの間も扇は下におかれざりけり

夕落葉　はし近く独ながむる夕庭は風をも染めて散る紅葉かな

氷初結　わらはべが流れにうけし笹の舟とまると見れば氷居にけり

雪　花の頃雪とながめし桜木に今日は花かと積る白雪

香雲尼は嘉永三年（一八五〇）十二月、江戸で七十三歳で没し、東禅寺に葬ら

▼広瀬文炳
広瀬家は代々、江戸詰めで、五代又太郎文平は満喜姫（善性院）に仕えた。文炳は筆名。

れた（嘉永四年十二月七日死去説もある）。

本間游清

安永五年（一七七六）生まれとも、天明元年（一七八一）生まれともいい、吉田生まれとも、江戸の人ともいう。本間家は代々医者の家で、游清は医学を薩摩藩医師曾占春《そうせんしゅん》（昌猷《しょうゆう》）に師事した。儒学を肥後の古屋昔陽、国学を江戸の村田春海★に学んだ。村田門下では和歌において並ぶ者がなかった。土龍、眠雲、九江、潜斎、消閑子などとも号した。

藩医として迎えられたのは文化十四年（一八一七）の終わりか、文政元年（一八一八）の初めで、四十歳前後であったと思われる。伊達村芳の侍医として江戸藩邸に出仕したが、村芳夫人満喜子の和歌の師も兼ねた。天保十五年（一八四四）の吉田藩分限帳《ぶげんちょう》では元〆《もとじめ》席藩医として家禄一三人分、加えて歌人として二人扶持が与えられた最高位の藩医であった。

医学、本草学の研究では「眠雲医説」五巻、「品物和名類纂」三二巻、「品物考」二巻、「品物雑抄」一巻、「動植和訓古義」数巻の著書がある。詩歌集、国学論考、紀行、随筆も多数あり、近世文学の傑作といわれる随筆「耳敏川《みみとがわ》」八七巻には、「麻疹流行」、「ある僧の奇病」、「そば毒」、「まむしの解毒剤」、「米は万国一の食物也とする蘭人の話」など、医学関連の随筆も収録されている。

▼村田春海
江戸時代中期から後期にかけての国学者、歌人。賀茂真淵門下で、県居学派四天王の一人。江戸の富裕な干鰯（ほしか）問屋に生まれ、豪奢な生活を送った。江戸派歌人の代表的存在で、著書も多い。松平定信に気に入られたという。

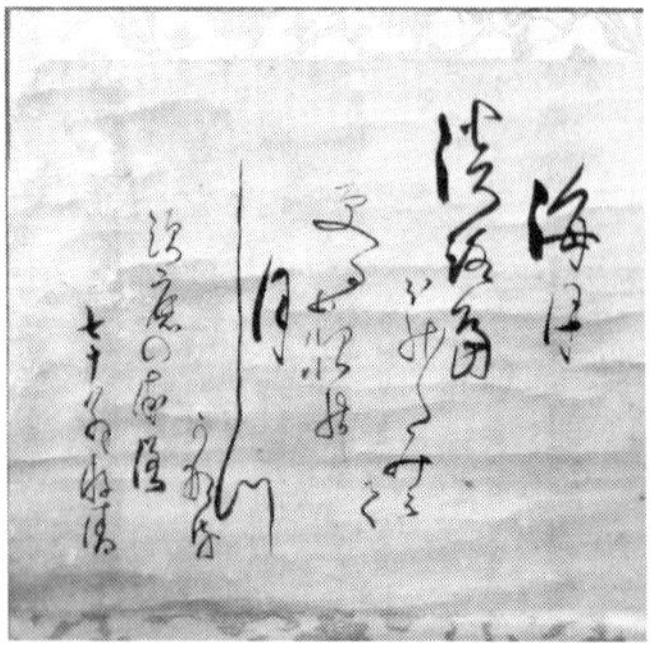

本間游清の書
（簡野道明記念吉田町図書館蔵）

嘉永三年（一八五〇）八月十六日、江戸で病没し、高輪泉岳寺に葬られた。七十五歳（あるいは七十歳）。眠雲院游清士龍居士。

和歌のいくつかをあげておく。

雨中花　盛なる花の木かげに立ちぬれて匂ふ雫に雨を知るかな

湖上霞　さゞ浪や志賀の浦浪かすむ日は曇ると見ゆる鏡山かな

河紅葉　川波はいさといはねどもみぢ葉の流るゝ方にゆくこゝろかな

蝸牛　旅寝する憂さをば知らじ蝸牛いつも住家を引きありきつゝ

歌人横山桂子と日記「露の朝顔」

大塩平八郎が、武力蜂起★する前夜の天保八年（一八三七）二月十八日、幕府に建議書を提出しているが、その中で、江戸の勘定奉行内藤隼人正矩佳《はやとのしょうのりよし》が大坂西町奉行時代に許しがたい奸吏《かんり》であった、として告発している。この内藤矩佳の用人が、桂子の父横山平馬である。

横山桂子の五集からなる日記「露の朝顔」によれば、文政の元年（一八一八）か二年と思われるが、桂子（この時点ではみち、路、三千子）は、吉田藩江戸屋敷の敬姫の箏の教師となった。敬姫は寛政八年（一七九六）六月の生まれというからこの時二十三、四歳、この三、四年前に宇和島藩から宗翰を夫に迎えている。敬姫は箏を好み、稽古に励んでいたようだが、まだ二十歳前の桂子の箏の腕前は

▼大塩事件
大塩平八郎の乱。天保八年、陽明学者で大坂町奉行所の元与力大塩平八郎とその門人らが悪政を糺すために挙兵し、幕府軍と交戦した。島原の乱以来、二百年ぶりの合戦であった。

相当なものであったと思われる。

桂子は文芸の素質もあったようで、「姫上の御母公（満喜子）」から歌の道を勧められ、「おもとくすし（藩医★）」である「師の君」から指導を受けることになった。「師の君」は当時四十二、三歳（天明元年生まれであれば三十七、八歳）の本間游清である。

日記「露の朝顔」の題名は、ある日、深川の生家に帰った桂子が朝顔作りの名人を訪問して「とくおそく来てみる人のあまたあれは露のひるまも咲《えま》る朝顔」の一首を詠み、これを本間が賞賛したことに由来する。

桂子の生家横山家は深川にあったが、敬姫付きの御殿女中として上屋敷に上がり、満喜子と本間游清《ほんまゆうせい》の薫陶《くんとう》を得て和歌の道に入った。

奥勤めするうち、「我より年二つミつまされる」「かめ子といへるおもと」すなわち二、三歳年長の奥女中かめ子と親しくなった。やがて、父平馬の大坂転勤の話が持ち上がり、これが敬姫に伝わり、「御暇給はり」下賜品などを拝領し、「なれにしみたち（御館《みたち》、藩邸）」を辞して生家に帰る。

内藤矩佳が大坂西町奉行を命じられたのは文政三年（一八二〇）三月で、桂子が生家に戻ったのは四月初めである。伊達家奉公は一年か二年ということになる。かめ子との涙の別れに和歌を交換し、別辞を述べに箏曲の師匠を訪ね、六月半ば、「こたひ難波の町のにひ司（新司、町奉行）にならせ給へる君」である内藤矩佳

▼藩医
吉田藩医の記録としては、本間游清のほかは、八代宗孝が町医者から抜擢した小川俊達、紀州華岡門下でシーボルトにも学んだ三和元渓、名医の誉れ高い岩田周達を数えるにすぎない。岩田は、「もし彼を幕府に推挙できれば日本で彼に肩をならべる者はいないだろう」と大槻玄沢がその才能を惜しんだ。養子の岩田三達は福沢諭吉と交遊があったが、早世し、岩田家は途絶えた。

の屋敷に入った。七月五日、桂子は母と共に「我仕へます君（内藤）」の一行に同道して江戸を発ち、中山道をたどる。

木曾路が特に印象深かったようで、詳しく描写している。旅日記であるが、行く先々で歌を詠み、内藤夫人千勢子と和歌の詠み競べなどもした。二十日深夜、大坂に着き、西町奉行所役宅に入った。

用人としての残務整理があったのか、父平馬は八月になって上坂《じょうはん》した。九月半ば、本間から手紙が届き、消息を交換した。

以後、桂子は九年間大坂に暮らす。「露の朝顔」は第一集「露の朝顔」、第二集「旅路の花」、第三集「蘆の葉風」、第四集「有明の月」、第五集「東のつと」からなる。「旅路の花」は大坂の印象記であり、京都、奈良への一カ月を超える長旅のようすも記されている。「蘆の葉風」は大坂生活の雑感、大坂近辺の名所探訪記、年中行事の紹介など。「有明の月」は西摂津の名刹中山寺への参詣日記。「東のつと」は江戸への帰路を綴《つづ》っている。手蹟《しゅせき》は達筆で、王朝風の文体に中級武家の子女の教養が窺えて興味深い。江戸の武家女性の視点による上方文化論、江戸・大坂の比較文化論としても希少な史料とされる。

文政十二年三月七日の夕刻、江戸から届いた「おほやけよりめしふみ（召し文、出府辞令）」により、内藤は十三日、江戸へ出発した。桂子は「残らせ給ふ女君（内藤夫人）」らと共に後発することになる。

四月六日、内藤が「大うへのいとこよなき司（勘定奉行）」に任命されたとの手紙が届く。「家の隅々見めぐり　はた庭の木草にまて名残をしむ」と後ろ髪をひかれつつ十一日に出発、松屋町を北に向かい、天神橋たもとを左に折れ、八軒家を過ぎて京橋、片町を経て京都街道に出る。東海道をたどって二十四日江戸に着いた。

本間游清との再会ののち、十一月の半ばになって朝廷から和歌を提出せよとの要請があり、翌年三月半ば、

月前紅葉　あかぬかな月すむ夜半に散る紅葉かつらの花のここちのみして

の一首が光格上皇（仁孝天皇とも）の目にとまったとの知らせがあり、「月の桂子」の名を与えられた。

本間はこれを喜び、「雲ゐよりもりくる月にみかゝれてひかりそはれる玉の横山」と和歌で賞した。

月《つきの》屋《や》桂子と号した横山桂子は皇宮《こうぐう》の女官《にょかん》に召されたという。墓は谷中霊園にある。桂子の養子の横山由清《よしきよ》★も本間游清に学び、国学者、歌人、法制史家として活躍した。

本間游清の美文

文政十二年（一八二九）三月二十一日、江戸に大火があり、南八丁堀の吉田藩

本妙寺（白金）

現在の三光坂（白金）

▼横山由清
横山由清は安政四年、『ロビンソン・クルーソー略記』を翻訳し、『魯敏遜漂行紀略』として刊行した。明治十二年十二月二日死去。

▼「蜘のふるまひ」
蜘蛛が糸を張るようすを古来、「蜘蛛のふるまい」といった。

邸にも類焼した。焼け出された本間は白金村の本妙寺の門前付近に転居した。白金三光坂下の吉田藩下屋敷は目と鼻の先である。本間はここで身辺雑記「蜘のふるまひ」★を書いた。江戸郊外の山里の自然描写、近所の子どものようすなどが描かれ、医師でもある本間のあたたかい人間観も伝わる。横山桂子の日記も名文であるが、本間游清の文章には感嘆のほかはない。その一節、

「朝もとく起きて　物も食ひあえず走り出ず　いずちいぬらんと思ふほど　走り帰りてえみ〳〵として　二つの袂より出すを見れば　梅の実のまだ青きに李《すもも》を取り交え　何某の園にて拾い得つ　六つ七つ八つ　とおよびを折りて　いみじき宝得たる如く　いとほこりかに息も接ぎあへず語りあいて」

写実的にして音楽的な、声に出して読みたくなる文章だが、無粋《ぶすい》を承知で現代語に訳してみる。

「早朝から起きて、食事もしないで駆け出す。どこへ行ったのだろうと思っていると、走って帰ってきて、にこにこ笑いながら両方の袂から取り出したのは、まだ青い梅の実に李も混じっている。どこそこの果樹園で拾ってきたよ、六つ七つ八つ、と指折り数え、大切な宝物でも得たように、たいそう得意げに、息せききって語り合って」

②幕末藩主宗孝の乱行と佐幕運動

旗本山口家から迎えられた八代藩主宗孝は江戸に滞府して放蕩三昧。濫費、奢侈によって藩庫は枯渇。対策は重税、献金、豪商からの借金。諸侯に佐幕を説く宗孝、側室には毒殺疑惑、吉田三万石はお家騒動に。

放蕩大名宗孝

宗翰と敬姫は共に二十歳で結婚し、文政二年に女子が生まれたが、生後まもなく死亡した。文政七年一月、待望の男子に恵まれ、福丸と命名されたが、生後三カ月で夭折した。側室が産んだ男子も早世したので、宗翰は天保十年五月二十一日、旗本山口相模守直勝の三男鍋之助を養子に迎えた。伊達伊織と名乗り、吉田藩の若殿様になった。

天保十四年六月二十四日、宗翰は致仕し、伊織が襲封して八代藩主宗孝となり、十二月十六日、従五位下和泉守に任ぜられた。弘化二年（一八四五）四月四日、若狭守となり、六月四日、日向佐土原藩主島津淡路守忠寛《ただひろ》★の妹勵《れい》と結婚した。同年七月八日、宗翰が吉田で没した。五十歳であった。宗翰の兄宗紀は隠居し

▼島津淡路守忠寛
勵姫は佐土原藩主島津の女であるが、忠徹は天保一〇年に没しており、忠寛が十一代藩主になっていた。忠寛は佐土原藩最後の藩主で、戊辰戦争で政府軍として活躍し、のちに伯爵に叙せられた。

たのちも、八代宗城、九代宗徳を補佐して幕末維新の難局を乗り切り、百歳の長寿で没した。宗翰は兄の半分の寿命であったが、もう少し長生きすれば、幕末維新期の吉田藩が危機的状況を迎えることはなかったかもしれない。

弘化三年五月二十七日、宗孝は初めて国入りした。九月十二日夜、陣屋町上組から出火、宗孝は的場まで出動して消火を指揮した。宗孝の藩主在任期間は約三十年、江戸後期から幕末維新にかけての激動期である。先代の宗翰と宗紀の関係のように、八代宇和島藩主宗城とは実の兄弟である。宗城は幕末四賢侯の一人であるが、宗孝も資質的には英邁であったと思われる。ところが、宗孝の治政は名君・賢侯とはほど遠い悪政で、放蕩大名、暴君と伝えられる。

旗本部屋住み育ちのせいか、江戸での宗孝の生活はいかにも放漫なもので、三万石大名には過ぎた奢侈逸楽に耽り、江戸での浪費は藩財政を圧迫した。藩主になった年の天保十四年十二月、江戸屋敷が類焼し、修復工事を余儀なくされたが、宗孝は財政窮乏も顧みず、吉田陣屋の増改築に着手した。

嘉永七年（一八五四）十一月五日午後五時、大地震（安政南海地震）が吉田を襲った。陣屋町では道路が寸断され、泥水が噴出し、多くの建物が倒壊した。津波が襲い、宗孝は御殿を脱出して高台にある医王寺に避難した。帰館後も余震が続くので、馬場に仮屋を建てて過ごした。

住民は山野の竹藪に逃れ、小屋をかけ、小屋で出産した者もあった。大信寺、

宗孝の花押

宗孝・黒印

一乗寺に避難する者も多かった。十五日頃にはそれぞれ避難先から自宅へ帰ったが、余震が続き、翌年の正月二日までおさまらなかった。町方の死者六人、倒壊家屋八十軒と記録にある。

地震被害による御殿の修復工事はやむを得ないとしても、宗孝は側室とその子女の住居の新築工事を始めた。安政四年には総欅造りの贅を凝らした大玄関を新築し、大広間も改築した。作事には名工二宮長六が腕をふるった。

藩庫は枯渇し、財源確保のために家中に七段掛《しちだんがかり》という重税を課した。かねて吉田藩では家中に掛り米と称する米の納付（給与所得税）を賦課しており、藩財政が悪化すると差上げ米を徴した。掛り米と差上げ米の二重課税を二段掛といい、これに増差上げ米を加えると三段掛という。七段掛の具体的な史料は見当たらないが、郡奉行所中見役を兼務していた御掛屋佐川家に五段掛の記録★がある。

農漁民に苛斂誅求したことも容易に想像されるが、吉田の富商富農には献金（差上げ銀）を命じ、鴻池、賀島屋、泉屋など上方の豪商から六千両を借金した。

宗孝に仕えた藩士甲斐順宜は、「落葉のはきよせ」に「（宗孝は）英邁絶倫にして豪頑無比。その豪頑によって多大の過失を生じた。好東厭西の性癖があったためでもある」と記している。「好東厭西」は甲斐順宜の造語であろうか。

好東とは宗孝がことさら江戸の生活を好んだことをいう。「ずるずると江戸に在府し、進んで公役を請い、虚栄を貪り、社交好きで、閨房の乱倫も言語に絶し

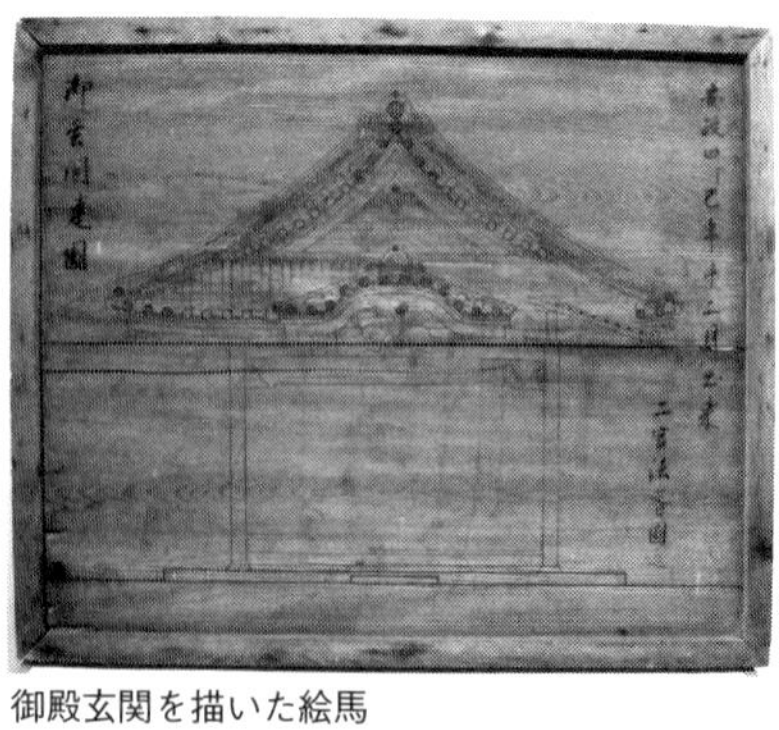
御殿玄関を描いた絵馬

▼五段掛
一臨時掛米　一俵二斗三升
二掛米　一俵二斗
三差上米　一俵一斗四升九合
四増差上米　二斗七升四合
五新増差上米　二斗七升四合
右の通り当寅年分御扶持方の内より引き取る也
寅十二月　御蔵所
佐川伊左衛門殿
これが五段掛であるから、七段掛は極端な苛税である。

た」と甲斐順宜は辛辣である。事実、宗孝は吉田への帰国を嫌った。参勤はよほどのことでない限り免除されなかったが、交代は病気などを理由に延期される例があった。宗孝は何かと帰国を延期し、在府を延長するために進んで幕府公役を買って出た。

かと思えば、文久三年★（一八六三）以後の二度にわたる交代では、保野《ほの》と茂《しげ》の二人の側室とその子女、奥女中まで帯同した大行列で国入りした。多数の足軽に女連中の世話をさせたので、明治三年（一八七〇）、足軽衆が藩に提出した口上書では「女中の腰添えなどまでも相勤め」たのは、「嘆かわしく候」と指弾されている。

岡太仲の旅日記

幕末・維新期の吉田に岡太仲《たちゅう》という町医者がいた。若くして仙台に遊学し、医術を修めたが、竹ヒ軒、竹ヒ堂と号して狂歌をひねる粋人でもあった。「岡の松風絶間《たえま》の咄《はなし》」、「空言独咄《そらごとひとりばなし》」と題する紀行文、見聞録を残しているが、天下激動の時代にあって、その筆は卑俗に終始している。

太仲は酒好き、女好き、食いしん坊、社交家で、その即妙洒脱《そくみょうしゃだつ》な人柄が藩の重役に愛され、酒席に招かれるほか、遊山《ゆさん》、湯治、社寺参詣にしばしば同行した。

▼文久三年
文久二年閏八月二十二日、幕府は参勤交代制度を大幅に緩和し、大名家の夫人が夫の領地に帰国することが許された。諸大名の正室は江戸生まれ江戸育ちが多く、帰国を嫌がる夫人もいた。勵姫は同年八月八日に没し、吉田の地を見ることはなかった。宇和島藩では宗紀夫人観姫、宗城夫人猶姫、宗徳夫人（継室）佳姫が文久三年に宇和島入りした。

太仲の旅日記は随所に狂歌を詠み込んで狂歌吟行といった趣もあるが、食事の内容、酌婦の名前、年齢、容姿などを記し、似顔絵まで素描している。

医者としての腕はたしかだったようで、藩主帰国のお迎え船に船医として乗り組んだことがある。万延元年（一八六〇）の「大坂御迎船海上往来」は、八代藩主伊達宗孝《むねみち》の帰国にあたって吉田・大坂間を往復した道中記である。

吉田出帆は四月十五日、船団は一二艘。太仲の乗る豊後丸には一八名が乗船していた。十八日、水主《かこ》の平蔵が病気になり、太仲は柴桂加葛根湯《さいけいかかっこんとう》★を投薬する。

十九日、矢倉（船室）で退屈紛れに噂話に興じる。ある人が吉田裡町《うらまち》の倉田屋（宿屋か）で、房事《ぼうじ》の終わりに馬乗りになってヒンと声をあげ、得意技の馬がはねるような動作をしたところ、女に睾丸《こうがん》を蹴られ、悲鳴を聞きつけた隣近所がやってきて大騒動になった、という話を聞いた太仲、「珍しい話を聞いたので記す」と書き留める。三月三日に井伊大老が暗殺されているが、太仲は国家の大事件にはまったく関心がないようである。

二十日、「新鮮な食材が六日も経ったので底をつき、煮豆、干し大根の醤油漬け、干物の朝食になった。早く大坂に着きたい。口の楽しみがないのならせめて目の楽しみがほしい」などと不平不満を記す。平蔵は快癒したので、今日から休薬とする。

二十二日、太仲は讃岐の金毘羅宮《こんぴらぐう》に参詣。播磨屋卯平宅での昼食は酒と名物の

文久元年４月28日、喜木津砲台検分に随行の際、素描した酌婦（『岡太仲　旅中手控』より）

▼柴桂加葛根湯
葛根湯に柴胡（さいこ）と桂枝（けいし）を加えた漢方薬。発熱、頭痛、多汗に著効がある。

うどん。江戸と大坂から芝居★が来ており、千両役者が数十人。怪力、生き人形、火吹き芸の見世物もある。「男女営業」の見世物があったが、「四文も出して他人の楽しみを見るいわれはないし、こちらにもどうぞというのでもないから、この木戸には入らなかった」と多度津《たどつ》の宿に帰って、負け惜しみを書く。

二十六日、快晴。早朝に帆を上げて赤穂の沖を通る。はるかに赤穂城が望まれるが、ちらちらとして不鮮明。「ちらちらと朝見ていても播州の赤穂の城は白う見えけり」とさっそく一首ひねる。同日、明石に寄港。太仲は擂鉢《すりばち》六つ、雪平《ゆきひら》五つを購入する。薬草を擂ったり、薬湯を煎じる道具であるが、吉田より廉《やす》かったのであろうか。擂鉢屋の娘に「お客さん、吉田かえ?」と聞かれ、「吉田かと聞きて娘が袖屏風顔もあかしに買いしすりばち」とここでも一首。

二十七日、大坂の安治川（旧淀川水系）に入船、めでたく大坂紀行前編（往路）の筆を納める。ところが、待てど暮らせど藩主一行は現れない。五月二十七日、殿様は帰国しないとの飛脚があり、六月一日、船団は吉田へ引き返した。ともあれ、太仲は公費で太平楽な大坂旅行を満喫したのであった。

岡太仲は、シーボルトの高弟二宮敬作が卯之町で開業していた頃、親しく交友したという。当時、二宮敬作はシーボルトの娘で女医志望の楠本イネを預かっていた。女性大好きの太仲には混血の美女イネへの強い関心があったにちがいないが、その一巻が散佚《さんいつ》したのは惜しまれる。

▼芝居
江戸後期から明治にかけて、芝居（歌舞伎・文楽）は吉田でも盛んに興行されたが、藩士とその家族の見物は禁止されることが多かった。参勤交代の途次、大坂では悪所（遊里、芝居小屋）への出入りはもちろんのこと、私用での街歩きも禁止された。

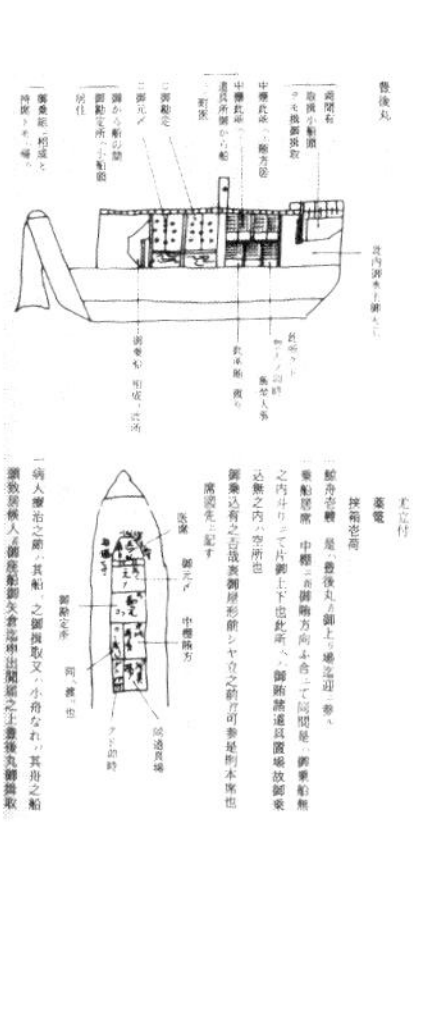

太仲が乗船した豊後丸（上）と鯨船（太仲の素描）

賢兄愚弟の幕末維新

甲斐順宜のいう好東厭西の「厭西」とは、宗孝が僻遠の吉田を嫌っただけではなく、佐幕派の急先鋒として七十余藩の連合をもくろみ、薩・長らの西国雄藩にあたろうとしたことをいう。宗孝は柳之間★の触頭《ふれがしら》として幅をきかせ、「伊達の柳之間」といわれたという。わずか三万石の小大名が、諸藩を糾合して西国雄藩に対抗しようとしたのは豪気であり、痛快といえなくもない。

井伊直弼によって依願隠居させられた宗城は、安政六年（一八五九）四月以後、宇和島で隠居生活を送り、書簡で諸侯や公卿と国事についての相談や情報交換をする一方、火薬・大砲の製造、軍艦建造計画、砲台建造など一藩割拠思想による富国強兵策★を推し進めていた。

この間の宗孝の挙動については記録がないが、吉田藩も漫然と時勢を傍観していたわけではなく、吉田湾口に砲台を築造し、青銅製先込め式の大砲数門を設置して実弾演習をしている。岩田新田の一部を埋め立て、竹矢来をめぐらして練兵場とし、フランス式の歩兵演習もおこなった。旧来の武田流軍学を廃止して洋式軍隊を編制したのは元治元年（一八六四）十一月、練兵場を設けて銃隊をイギリス式、砲隊をオランダ式にしたのが慶応二年（一八六六）十一月六日である。

▼柳之間
将軍拝謁の諸大名、旗本などの控えの間の一つで、位階五位、十万石未満の外様大名の詰所。

▼富国強兵策
富国強兵 宗城はきわめて熱心で、純国産第一号の蒸気船の建造に成功するなどしたが、一〇万石の国力では限界があり、宗紀の蓄えた六万両を費消し、町人や農民から献金を募った。側室や奥女中も献金している。

砲台築造については、宇和島在藩中の村田蔵六★が吉田に来たと伝えられるが、詳細については不明である。吉田藩士戸田豊之允が宇和島藩の威遠流（高島流）砲術を伝習し、砲台が立間尻、朝川、喜木津の三カ所に建造された。

宗孝の正室勵《れい》は寿若《ひさわか》という男子を産んだが、弘化四年（一八四七）七月三日、早世した。産母として記録（「子爵伊達家御系略譜」）されている側室は三人★いるが、子を成さなかった側室がほかに何人いたかは不明である。三人の側室のうち、中大路八十が女子一人、近藤保野が男子四人女子五人不明一人の計十人、大畑茂が男子五人女子四人の計九人を産んだ。記録上の宗孝の子女は二十一人である。そのうち結婚にいたったのは七人で、ほかは夭折もしくは若死している。

弘化三年、京都から側室として吉田陣屋に迎えられた中大路八十（十六歳）は、嘉永四年（一八五一）十月四日、吉田御陣屋の御休息所★で女児を産んだ。宗孝にとって長女にあたり、於信と命名された。

宗孝は信姫の誕生を喜び、翌年二月四日、「於信様御誕生の大赦」を布告した。大名の女子誕生に際して領内に恩赦が行われたのは、あまり例がないのではないだろうか。宗孝は於信を溺愛し、御船手組棟梁に精密な御座船模型を製作させた。参勤出発に際し、「春になればこのお船で帰って来るよ」とあやすためである。

吉田に生まれた信姫様は家中からも崇敬されたが、産母の八十はしだいに宗孝に疎んじられ、遠ざけられた。宗孝は文久三年（一八六三）の帰国にあたって江

▼村田蔵六　高野長英に続く宇和島藩のお雇い蘭学者で、嘉永六年から二年半、宇和島に滞在し、兵学書の翻訳、軍艦建造、砲台建造、藩士の教育にあたった。のちの大村益次郎。

▼三人　宇和島伊達家文書に記録されている宗城の山口直信宛て書簡（草案）には「四人」とある。

▼御休息所　側室の居室。

戸の側室保野と茂を同行し、明治四年（一八七一）の東京定住後もこの二人を側室とし、子を産ませているが、八十に関する記述はない。

宗城が十万石国持格の大名であるのに対し、自分が分家三万石の大名であることが宗孝は大いに不満★で、「おれは大名なんかではない。十万石にも足らぬ、城も持たない大名がどこにいるというのだ」と嘯《うそぶ》いて放蕩に明け暮れたという。

ここで時代を寛政元年（一七八九）にさかのぼる。松平定信が幕政改革をはじめた年である。事情は詳らかにしないが、牛込逢坂（美男坂）に屋敷を構える三千石の幕臣山口家の養子に五代宇和島藩主村候の二男徳興が迎えられた。徳興は山口丹波守直清となり、日光奉行、大坂町奉行と栄進したが、これには村候の後押しがあった。

直清は寛政七年夏、大坂に赴任したが、二年半後の寛政十年二月八日（一月二十四日とも）三十九歳で病死した。病死ではなく、大坂三郷（北組、南組、天満組からなる町組。町人の自治組織）に幕府が過酷な御用金を命じたので、切腹して憤死したという。「鶴鳴餘韻」にそう書かれているが、真偽は不明である。

直清を継いだのが相模守直勝である。この直勝も文政八年（一八三五）九月、三十代の若さで没し、長男の勝次郎が山口家当主となり、山口直信と名乗った。

この頃、七代宇和島藩主宗紀は、長男、二男が早世し、三十代半ばを過ぎても男子にめぐまれなかった。おりから薩摩藩主島津重豪《しげひで》の男子を養子にどうかとい

▼不満
吉田には宗孝を宗城の兄であるとする文献がある。宗孝側近の武藤忠雄の長子忠義が書いた「先人余滴」は宗孝を兄としている。武藤氏は、伊達兵部の嫡子宗興の妻子四人を吉田に預かった際、同行した仙台藩士で、吉田藩士となって土着した。武藤忠義は明治十五年、父の死により十八歳で家督相続するが、このとき宗孝は東京に健在である。「先人余滴」の信憑性は低いとはいえない。『吉田町誌』も宗孝兄説を採っており、宗孝が兄であれば、三万石を不遇として鬱憤をいだいたのも納得できなくもない。

伊達宗城
（宇和島伊達文化保存会蔵）

う幕府からの提案があった。これは側室の懐妊を理由に断ったが、将軍家斉《いえなり》の男子の養子縁組の噂もあった。窮した宗紀は、伊達政宗以来の血脈を承継すべく山口家から直勝の遺児亀三郎を養子に迎えることとした。

宗紀と山口直勝は従兄弟の関係で、亀三郎は村候の外曾孫にあたる。宗紀は美男坂の山口直勝邸を訪ね、幼い亀三郎を膝にのせて遊んだこともあり、亀三郎の英明を見込んでの養子縁組であった。亀三郎は伊達知次郎と名乗った。のちに八代藩主となる宗城である。文政十二年四月十一日、知次郎は正式に伊達家の継承者となった。十年後の天保十年（一八三九）五月二十一日、子に恵まれなかった吉田藩主宗翰も、山口直勝の三男鍋之助を養子に迎えた。のちの宗孝である。

安政五年（一八五八）六月、山口丹波守直信は、大老井伊直弼によって大目付に抜擢された。伊達宗城は一橋慶喜を次期将軍に擁立しようとする一橋派★であったから、紀州徳川家の徳川慶福（のちの将軍家茂）を推す南紀派★の井伊直弼としては、山口直信に肩入れすることで宗城を懐柔・牽制する意図があったのかもしれない。この安政五年の九月末から翌る安政六年の三月初めまでの宗城の日記に、麻布龍土の宇和島藩上屋敷★の庭で打毬★（遊戯）を八回行ったことが記されている。そのうち三回は山口直信とその子息の山口勝次郎、吉田藩主伊達宗孝が招かれ、広尾の下屋敷★から訪ねてきた宗紀（春山）も観戦している。

この年の夏、江戸でコレラが流行し、八月十四日以来、宗城夫人猶姫★が病臥し

▼一橋派
前水戸藩主徳川斉昭、水戸藩主徳川慶篤、尾張藩主徳川慶勝、福井藩主松平慶永、土佐藩主山内豊信、薩摩藩主島津斉彬、老中首座堀田正睦らである。

▼南紀派
井伊直弼、会津藩主松平容保、高松藩主松平頼胤、そして大奥もである。

▼麻布龍土の宇和島藩上屋敷
現在の六本木。国立新美術館の付近一帯。

▼打毬
だきゅう。うちまり。馬上から毬を打つ競技。宗城も宗孝も馬術が得意だった。

▼広尾の下屋敷
現在の恵比寿三丁目付近。恵比寿三丁目は昭和四十一年まで伊達町といった。

▼猶姫
佐賀藩主鍋島斉直の女で、名君鍋島閑叟の姉にあたる。

ていた。感染した奥女中二名が死亡したが、猶姫は回復した。十二月五日、床払いの祝宴（快気祝い）が催され、諸方からおびただしい祝いの肴が到来した。

午後五時からの祝いの席には伊達宗孝と山口勝次郎も出席した。祝宴には家老や藩医も参加し、伊達家出入りの山木・山崎検校が音曲で座を賑わした。祝いの謡もあり、宴は夜遅くまで続いた。宗孝と勝次郎は深夜十二時に帰っていった。これからすると、安政五年から六年にかけての宗城・宗孝の兄弟仲は、親密とは断定できないまでも、少なくとも険悪ではない。

安政年間、宗城は開国問題、将軍継嗣問題等で国事斡旋に邁進するが、宗孝の動向については吉田には史料がない。筆者が得た最新の情報に、安政五年三月二十五日の宗城の日記★があり、きわめて興味深いことが記されている。

「若狭守（宗孝）から自筆の手紙が届いた。当年は御差し止めにより下向はない、と書いてあるが、江戸好きのほのに振り回され、江戸在府を（自ら幕府に）願い出たようだ。吉田ではさぞかし当惑していることであろう」

宗孝の江戸滞府が、側室ほの（保野）の懇願あるいは教唆によるものと宗城は考え、危険視しているのである。管見では、これまで宗孝の東好厭西と側室保野の関係に言及した研究書★はない。宗孝が保野に惑溺するあまり、保野の言いなりになっていたとなると、信姫を産んだ八十を宗孝が遠ざけた★のも、そこに保野の画策があったのではないかとは容易に推察されるところである。

▼日記
宗城は記録魔で、その日記や手帳類は幕末・維新史の貴重な史料である。

▼研究書
昭和六十二年四月発行「伊予史談第二六五号」所収の芝正一（一九一四〜一九九二）「御信様大事」に、「おほの殺さにゃ吉田が立たぬ」という芝氏の祖母の生前の口癖が紹介され、側室たちの確執を推定している。八十と保野に肉迫した希少な著述である。

▼
明治になって八十は吉田伊達家に入籍されていないが、明治二十五年の宗城の手帳に、宗孝と会って八十のことについて話をした、という記述がある。何を話し合ったかは不明だが、宗城は八十の身の上を案じていたようである。宗城は明治八年一月三日、月例親睦会（夕食、飲酒、談話）を今戸の自邸で開催することとし、その参加者に九代宗徳（宗紀の三男）、十代宗陳（宗徳の長男）、保科節子（宗紀の八女）、真田幸民（宗城の長男）、山口直信（游龍）、伊達宗孝（楽堂）らがいる。名だたる歌舞伎役者や芸人も招かれた。

姦婦保野と文久三年の毒殺疑惑

文久二年（一八六二）十一月、宇和島の宗城に「国論を聞きたいので上京せよ」という孝明天皇の内勅があった。若年の頃から水戸藩主徳川斉昭に鍾愛《しょうあい》され、水戸家伝来の尊皇思想に傾倒していた宗城は内勅に感泣した。勇躍、三百人の行列を仕立てて上京し、孝明天皇に拝謁し、天盃を下賜された。宗城は身命を抛って天朝皇国のために尽力することを誓った。

宗城は、翌年三月の攘夷祈願の加茂社行幸にも供奉し、四月に宇和島に帰国した。この年の十二月十八日、宗孝も宮中に参内し、天盃を下賜されているが、大いに感激した宗城とは異なり、宗孝は佐幕派としての考えを変えなかったようである。

以下も、最新の情報によって得られた一件である。

文久三年一月六日、吉田藩（の重臣たち）から伊達宗城に、宗城の二男経丸（十歳）を、宗孝の生後三カ月の三男鏞之助《ようのすけ》（母は側室保野）の順養子★に迎えたい、という申し出があった。宗城はこの申し出を不穏と考え、実兄の山口直信に相談することにした。相談内容は概ね以下のようなものである。

「経丸を養子にやった後で、返してくれという事態になった場合、宇和島・吉田両家にとって「不本意千万」なので、（直信から）宗孝とほのの真意を確認し

▼順養子
宗孝の長男準一郎（母は側室保野）、二男於兔若（母は側室茂）はいずれも二歳で早世していた。鏞之助も二歳で夭折。

てほしい」

「宗孝が江戸好きのほのに耽溺して言いなりになっているようだ。この際、二人に説教したいと思うが、如何なものか？」

「三千石旗本の出身で三万石大名となったのは、このうえない「高運、仕合せ」であるにもかかわらず、宗孝は病気を理由に藩政をおろそかにしている。吉田では病気がちになり、江戸では体調がよいなどというが、精神が惰弱だからで、江戸と吉田に四人も側妾を抱えていては「過房・不養生」になるのも当然である。「無用之物（濫費）、数奇（奢侈）」も目に余るものがあり、内憂外患の時勢にあって藩主としての姿勢が疑われる。どう思われるか？」

この時期、吉田家中は混乱紛糾していた。宗孝が藩士の人事を好き嫌いで決め、藩政を省みないこともあるが、保野が宗孝の寵愛をほしいままにしているのを不服とする藩士が多く、保野が自分の娘鉾《はな》（四歳）に婿養子を迎えて吉田伊達家を継がせたいと企んでいるとの噂もあった。重臣たちは宗城に概ね以下のように窮状を訴えた。

「保野は姦婦で、信姫様（十一歳）を毒殺しようとしています。われわれも用心しています。食事に箸をつけなかった信姫様が「親の前で食を控えるとは何事か」と（宗孝に）叱責されたことがありました。同席していた奥役人が、「ゆくゆくは江戸で諸家との交際もされるようになりましょうから、御婦人が食を控えめにするのはよいことです」ととりなしたのですが、この役人はたちまち左遷されました」

「保野も自分の身に危険を感じているようで、食事には神経質になっています」

「保野は娘の鉾を松前家の養子にするなど、信姫様より威勢を高めるため、あれこれ画策しています」

「江戸好きの保野は吉田への帰国を強制した家老の郷六惠左衛門を恨み、（宗孝に）讒言しました。その結果、郷六は隠居させられました」

「経丸様を養子に迎えなければ、「吉田ハ大乱ハ必定」です」

「保野は諸悪の根源ですが、悪いことはすべて保野のせいになっているのも事実です」

このように、暗君宗孝に代わる経丸の藩主待望論や毒殺疑惑など、文久三年の吉田藩には暗雲が垂れこめていた。ここまでくるともはやお家騒動である。

なお、経丸こと伊達宗敦は後に仙台伊達家の養子に迎えられ、戊辰戦争で賊軍となった仙台藩の存続に尽力することになる。

宗孝隠居す

元治元年（一八六四）八月、第一次長州征伐（幕長戦争）に際し、吉田領内に総

動員体制が敷かれ、民間の船舶が徴発されるなど、上下騒然としたことが吉田立間尻庄屋の「赤松家永代控」に記されている。吉田藩の軍事行動については詳しい記録がないが、宇和島藩は十一月十一日、九代藩主宗徳《むねえ》が軍を率いて出陣、これに吉田藩も共同出兵している。しかし、二千数百の軍団は三机沖で滞陣し、交戦しないまま翌年二月に引き返した。宗徳の死別した先妻が毛利斉元《なりもと》の二女★であったことや、宗城が長州征伐を疑問視していたためである。

慶応二年（一八六六）の第二次長州征伐でも、伊達宗徳は八千余りの大軍を三机沖で滞陣し、英国東洋艦隊★が宇和島を訪問するのを理由に引き返した。

尊皇家であると同時に翼幕家である宗城は倒幕思想とは一線を画していたが、佐幕一辺倒の宗孝を憂慮した。宗城の苦言に宗孝は耳を藉《か》さず、宗城が手紙を送って説諭すると、付箋《ふせん》を付してつきかえした。老公宗紀も宗孝には匙を投げたという。吉田藩きっての尊皇家である家老職兼旗本大頭の飯淵貞幹《さだもと》★は、宗孝に直《ちょっ》諫《かん》した数少ない家臣の一人である。慶応三年、貞幹は藩務に尽瘁《じんすい》するあまり、父の葬儀にも帰国しなかった。

宗城の内意を受け、吉田から郷六衛士（惠左衛門）、今村元正（隼之進）、今橋知明（森平蔵とも）の三名が江戸に出府し、宗孝に時勢の理と大義を説いた。宗孝は「おれには深い考えがあるのだ。そのほうらにわかるものか」★と一喝し、再び接見をゆるさなかった。宗孝は諸藩を糾合して薩長を退け、その功をもって十

▼毛利斉元の二女
毛利孝子。嘉永四年（一八五一）三月、宗徳と結婚したが、嘉永六年一月没。

▼英国東洋艦隊
慶応二年（一八六六）六月二十三日から七月二日まで、キング提督率いる艦隊（プリンセス・ロイヤル号、サラミス号、サーベント号）三隻が宇和島に寄港し、宇和島城下は上を下への大騒動となった。英国公使パークスと海軍士官は、宗城、宗徳、春山（宗紀）及び夫人と側室、その子女、奥女中、上級藩士らと親しく交流した。

▼飯淵貞幹
天保五年（一八三四）～明治三十五年（一九〇二）。廃藩後は野に下り、子弟の教育にあたるが、明治十年の西南の役に際し、南伊予の同志と蹶起を画策、逮捕され、懲役五年。出獄後は宇和島と吉田で教育活動に専念した。

万石の大名になる野望を懐《いだ》き、幕閣の内意を受けていたともいう。

慶応四年正月二日、鳥羽・伏見で新政府軍と幕軍の合戦が始まった。宗城（京都にいた）は鳥羽・伏見の戦いを薩長の陰謀であると憤《いきどお》り、徳川慶喜が朝敵の汚名を着せられたことを嘆き、新政府議定職《ぎじょうしょく》の辞任を表明した。

鳥羽・伏見の戦いは戊辰戦争の緒戦となり、新政府軍は東征を開始した。「菊は栄える、葵は枯れる、西に轡《くつわ》の音がする」という状況下、宗孝は病気を理由に江戸を動かなかった。この時点でも宗孝は幕府の優勢を信じていたのであろうか。もはや一刻の猶予もないと判断した宗城は、二月十四日、「若狭守殿いまもって上京これ無く」と始まる直書を吉田の家老職に送った。「病中とはいえ、この形勢下では何としても上京すべきところ、宗孝はそれをしない。心底が疑われる。家中も心痛しているであろう。江戸表の宗孝の存念《ぞんねん》が糺《ただ》されるまで、政情についてはこちらから知らせるので、家中面々は静寧《せいねい》にしているよう」という内容である。老臣たちは恐懼し、評議の結果、家臣有志六十余名★が江戸に向かうこととなった。海路で大坂に着いた一行は、東征する官軍を避けつつ昼夜兼行で江戸に向かった。

家中をあげての決死行と必死の諫言に、さしもの宗孝も折れ、急遽、隠居することとした。四月一日、次期藩主宗敬《むねよし》が宗孝の名代として上京し、朝廷に表敬した。宗孝は六月十三日にようやく上京し、朝廷に陳謝した。宗城のとりなしがあ

▼その功
宗城の長男保麿は松代藩真田家の養嗣子に迎えられ、慶応二年、松代藩最後の藩主真田幸民（ゆきもと）となり、北越戦争と会津戦争で戦功をあげ、明治政府から賞典禄三万石を加増されている。徳川幕府に与（くみ）して加増というのは、結果的にはあり得べからざる話であるが、宗孝の十万石野心は宗城への敵愾心（てきがいしん）と併せて吉田に伝承されている。

▼家臣有志六十余名
甲斐順宜もその一人。甲斐家十代順宜はこの時二十四歳。「重病を押してこれに従う、途中、東征する官軍をやりすごしながら辛くも江戸にいたる」と「落葉のはきよせ」にある。「先人余滴」には上府した藩士を今村、甲斐以下一七名とする記述がある。

ったことはいうまでもない。危ういところで吉田藩の命脈は保たれた。

伊達宗孝

生年：文政四年三月十七日（一八二一年四月十九日）
没年：明治三十二年（一九〇三）五月二十日
実父：幕臣山口相模守直勝
生母：蒔田河内守広朝の娘
正室：島津淡路守忠徹の娘勵

伊達宗敬

生年：嘉永四年二月二十三日（一八五一年三月二十五日）
没年：明治九年（一八七六）八月二十九日
実父：幕臣山口丹波守直信
生母：山口家の臣宮下作次郎の姉須磨
正室：伊達宗孝の長女於信（婿養子）

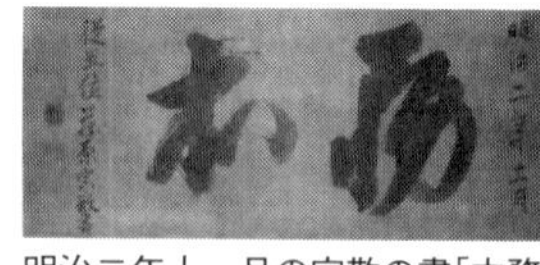

明治二年十一月の宗敬の書「本務」

これも吉田

牛鬼《うしおに》、鹿《しか》の子《こ》、ホタ

暴れ牛鬼

南伊予地方を中心に、伊予中部及び高知県の一部に伝わる「牛鬼」という奇習がある。「うしょうにん」「うしょうに」「うしょにん」「おしょにん」などといったが、現在は「うしおに」と呼ぶ人がほとんどである。胴は巨大な牛のようで、首はキリンのように長く、頭《かしら》には二本の角があり、顔は怖ろしげな鬼面、尻尾は剣の形、焦茶色の棕櫚の毛（樹皮）もしくは赤い布、黒い布などで全身を覆われ、一見、恐竜を連想させる。

桜橋元の牛鬼

これを多数の若者が担ぐ。こどもたちが従い、吠え声を模した竹法螺（ブーヤレ）をボー、ボーッと吹き鳴らす。長い首は自在に動き、口も開閉する。牛鬼を見ると、乳幼児は恐怖のあまり泣くが、この口で噛んでもらうと無病息災のご利益があるので、親は泣きわめくこどもを牛鬼に噛ませる。商店などに頭を突っ込むと、商売繁盛疑いなしということで、商店主は随行が担いでいる賽銭箱に賽銭を投じる。

吉田祭礼絵巻に出てくる牛鬼は、全身が棕櫚の毛に覆われ、首は長く、顔は丸顔で角を二本生やし、口が大きく裂けている。怖ろしげというより、凶悪で醜い。担ぎ手は胴体の中に姿を隠して下肢だけを見せている。怪獣としてよりリアルである。現在の牛鬼は、担ぎ手が胴体の外から担ぐ。少し前までは、神聖なものとして人が乗るなどもってのほかだったが、現在は人を乗せるし、ブーヤレに代わって警笛や太鼓を騒々しく鳴らしている例もある。

吉田町の牛鬼は、天明年間（一七八一〜）に立間尻浦から八幡神社の神輿行幸のお供として出たのが始まりで、家老熊崎氏の発意によるものという。「吉田の暴れ牛鬼」として有名で、屈強の若者に担がれ、ブーヤレは随伴しない。神輿渡御のある御殿前、桜橋元、浜通りでは手がつけられないほど荒れ狂うので、家々は丸太で柵を組み、家屋が壊されるのを防いだ。近年はそのようなことはないが、古式を守り、人を乗せることはない。

牛鬼の起源については、加藤清正が朝鮮出兵のおり、敵を威圧するために用いたのがはじまりであるとも、戸田勝隆の家臣大洲太郎が猛獣の襲撃を防ぐためにつくったともいわれる。朝鮮の役の晋州城攻防戦に、亀甲車なる特攻兵器が用いられたといい、牛鬼はこの亀甲車に似ているので、亀甲車起源説もある。天下に稀なる奇習「牛鬼」は、文禄・慶長の役と何らかの関係があるようだ。

鹿の子

宇和津彦神社（宇和島市野川）の秋の祭礼で、児童八人が鹿の頭を被り、その面から垂らした紅染めの布で上半身を隠し、胸に抱えた小太鼓を打ちながら、歌い、踊る「八ツ鹿《しか》踊り」は、旧仙台藩領に伝わる「鹿《しし》踊り」が源流である。

〽廻れ　廻れ　水車　遅く廻りて　堰に止まるな（宇和島）

〽廻れや　廻れや　水車　遅く廻れば堰止まる（宮城県名取地方）

このように歌詞も酷似しており、関東以西では宇和島地方（旧宇和島・吉田藩領）にしか分布していないので、伊達家の宇和島入部によって仙台から伝わったものであることは疑問の余地がない。

鹿の子（立間鹿の子保存会））

東北地方の鹿《しし》踊りが勇壮で猛々しく、頭も獰猛な獅子の獣面であるのに対し、八ツ鹿は写実的な鹿の顔をしており、踊りの所作も優雅で、変声期前の少年たちが歌う旋律も哀愁を帯びている。宇和島地方では八ツ鹿、七ツ鹿、五ツ鹿などが地域の神社に伝来し、衣裳もそれぞれ異なり、歌詞と旋律も微妙に異なっている。

吉田千軒八幡さまの秋のまつりは鹿をどり　野口雨情

吉田八幡神社に伝わる鹿踊りは「鹿《しか》の子」といい、七ツ鹿である。「吉田藩は宇和島藩の分家なので、本家に遠慮して一頭減らした」という口碑があるが、これは誤り。宇和島の八ツ鹿も昔は五ツ鹿であったし、吉田も旧態は五ツ鹿で、昭和初期に七ツ鹿になったという。

吉田の鹿の子は、女性的で優雅な宇和島の八ツ鹿と比較すると、男性的で素朴である。八ツ鹿が雄鹿七頭、雌鹿一頭であるのに対し、鹿の子は雄鹿が二頭、雌鹿が一頭、若鹿が二頭、小鹿が二頭という複雑な構成である。八ツ鹿は小太鼓だけであるが、鹿の子では鹿の鳴き声を模した笛も加わる。

ホタ

宝多とも書く。獅子舞の頭に似たものをかぶり、白装束に草鞋がけ、腰にしめ縄という異様な風体で闊歩する。宇和島には伝来しない吉田独特の邌りである。起源は不明、宇和島に伝承されている獅子舞が吉田にはないというのも不思議であるが、獅子舞の変種とも見えない。いずれにしてもホタは吉田独特の邌りである。

これも吉田

松月旅館と横堀食堂

松月旅館

　吉田藩御用商人高月家（法華津屋）の宏壮な屋敷を、昭和九年に旅館に転用したのが松月旅館である。惜しくも昭和六十年に廃業したが、平成になって吉田町がその一部（安政年間に高月家が増築した部分）を郊外の「吉田ふれあい国安の郷《さと》」に移築・保存した。

　残った旅館部分は、現在、建物が傾斜し、漆喰が剥落するなど老朽化が著しい。

　松月旅館の由緒ははるか元和年間にさかのぼる。元和三年（一六一七）、宇和島藩祖伊達秀宗が徳川秀忠から伏見城黒書院（千畳敷御殿）を拝領し、宇和島城の三之丸に移した。その後、宝暦三年（一七六三）に吉田陣屋の御殿の一部として移築され、二年後の明和二年、法華津屋高月家に下賜されたという。

松月旅館。画面右上は梲（うだつ）

　太閤秀吉が築城した伏見城は「慶長伏見地震」で倒壊した。再建されたが、関ヶ原の合戦に先立つ西軍の攻撃によって焼失した。大御所家康が新たに築城したが、元和九年、新将軍家光は城を解体し、天守は二条城に、その他の建物は諸方に移築した。

　したがって、「元和三年、伊達秀宗が千畳敷御殿を徳川秀忠から拝領」というのは時期的に疑問がある。

　しかしながら、宇和島藩の記録には「元和三年、秀忠公より伏見城千畳敷御殿を秀宗公が拝領、三之丸へ引き建てた」とあり、実際、宇和島伊達家には壮麗な「伏見御殿屏風」が伝来している。

　伏見城の遺構かどうかはさておき、旧松月旅館は高い天井、三寸角の南天の木の床柱、部材に用いられた屋久杉や黒柿など、町人が建てたとは思えない格式がある。

　なにより、旧松月旅館にはかけがえのない歴史の重みがある。襖の下貼りから出てきた法華津屋関係の古文書類や江戸時代後期の吉田の文人の資料、後藤新平、尾崎行雄ら宿泊者の揮毫した書画など、旅館そのものが歴史の貴重な証言者である。開業の年に投宿した野口雨情の「吉田長栄橋流しちゃならぬ　流しゃ便りが遅くなる」の掛軸もある。

　詩人・童謡作詞家・創作民謡作詞家の野口雨情は、

　吉田港の遠見の山は　船の目当てか目じるしか

恋し吉田へ黒之瀬峠　幾夜涙で越したやら

と情緒豊かに吉田を詠った。

そのかみの古《ふり》し屋敷を懐しみ吉田のまちに幾夜寝にけむ

歌人吉井勇の一首であるが、いうまでもなく「幾夜寝」たのは松月旅館である。

松月旅館には昭和十三年七月、小説家丹羽文雄も泊まった。文芸評論家古谷綱武に誘われ、吉田の地に遊んだのである。古谷綱武は宇和町（現・西予市）の生まれで吉田町に縁戚があった。

このときの見聞を丹羽は得意の情痴小説に描いた。「南国抄」である。「日本評論」昭和十四年四月号に発表され、翌年の第三回新潮文芸賞の候補作にもなった。吉田の町が初めて小説の、それも当代人気作家の作品の舞台となった。当時、吉田の文学青年を興奮熱狂させたという。

横堀食堂

横堀食堂は横堀川の河畔、桜橋のたもとにあった大衆食堂である。店主自らが採る天然鰻の蒲焼が看板メニューだったが、灯台下暗し、地元では特に鰻の名店として認識されてはいなかったようで、開業時期はもちろん、いつ廃業したかもはっきりしない。

宇和島を訪ねること五十回を超える吉村昭は、宇和島の歴史に取材した「ふぉん・しいほるとの娘」「長英逃亡」などを書いたが、吉村昭が宇和島をしばしば訪ねたのは食の誘惑にも駆られたからで、宇和島の美味・料理に関する多数の雑文を発表している。

横堀川と桜橋。画面上に横堀食堂

食通の吉村は横堀食堂をしばしば訪ね、鰻を堪能した。そうしているうち、店主から聞いた話から一篇の小説を構想した。昭和五十三年に発表された短篇「闇にひらめく」である。平成元年に刊行された動物小説集「海馬《トド》」に収録された。「あとがき」にこう記されている。

「歴史小説の資料蒐集に愛媛県宇和島市に行った帰途、必ず立ち寄る吉田町の食堂経営者八十島伊勢太郎氏の話からヒントを得て書いた。氏は、独特の漁法による鰻採りの名人で、採った鰻を蒲焼きにして客に出す。その味にひかれて店に寄り、絶妙な鰻採りの話をきくうちに興味をおぼえ、執筆したのである」

この短編を今村昌平が映画化し、一九九七年のカンヌ国際映画祭でパルム・ドール賞（最高位）を受賞した。映画の題名は「うなぎ」である。

エピローグ

吉田藩の終焉

九代藩主宗敬《むねよし》は宗孝の兄の旗本山口直信の二男鍗之助で、宗孝《むねみち》の養嗣子に迎えられた。慶応四年（一八六八）七月二十三日、宗孝が隠居し、十七歳の宗敬が家督を継いだ。隠居した宗孝は楽《らく》堂《どう》と号し、八月二日、吉田に帰国した。同日、新藩主宗敬は皇居に参内した。九月八日、慶応は明治と改元された。

宇和島八代藩主伊達宗城《むねなり》は初めは烈公徳川斉昭譲りの過激な攘夷派であったが、のちに開国派となり、公武合体、雄藩連合、大政奉還と国事に奔走する一方、一藩割拠主義のもとに藩内の富国強兵を推進した。宗城はしかし、幕長戦争（長州征伐）にも、戊辰戦争にも参戦しなかった。いずれも九代藩主宗徳以下を派兵させたが、引き返した。結果としては、宗城は非戦主義者であったといえる。宇和島藩はいわゆる維新殉難者を一人も出さず、一滴の血にも塗《まみ》れなかったが、明治政府に宇和島藩閥をもつことができなかったのは、戊辰戦争を血で贖《あがな》わなかったからである。

仙台伊達家は十三代藩主慶邦《よしくに》に男子が育たなかったため、宗城の二男宗敦《むねあつ》を養子に迎えていた。仙台藩が奥羽越列藩同盟の盟主に担がれて朝敵となると、宗城は新政府に辞職願いを出した。受理されなかったが、仙台伊達家の存続に宗城は心を砕いた。

慶応四年九月七日（翌日、明治と改元）、箱館戦争に宇和島藩兵四〇〇、吉田藩兵一〇〇の出兵命令があった。吉田藩としては汚名返上の好機であったが、軍船を傭《やと》うのに手間取った。十月六日、ようやく傭船《ようせん》配備が完了し、総督府参謀に出発を伺ったところ、「出兵に及ばず」とのことで軍を解いた。新政府軍が青森に集結したのは翌る明治二年（一八六九）二月である――総督府の「出兵に及ばず」には釈然としないものがある。はたして、宗城は出兵遅延の責任を新政府に問われ、議定職等を免職された。松平春嶽の推挙で民部卿兼大蔵卿として復職したが、明治四年、全権特使として日清通商条規を締結すると、その内容を新政府閣僚に非難され、公職を退いた。旧大名の宗城は薩長閥の明治政府にとって何かと煙たい存在であり、国政の表舞台から退場させられたのである。

伊達宗敬は明治二年四月二十四日、十八歳で従五位下若狭守となるが、六月十八日、華族に列せられ、六月二十日、版籍奉還により吉田藩知事に任じられた。七月十六日、藩知事として初めて吉田に入国した。時観堂を文武館と改称し、藩士と庶民の別なく八歳以上の子弟の入学を奨励した。明治三年一月十五日、宗孝の長女信と結婚。この年、三間騒動（大規模な農民一揆）が勃発し、藩兵を出動して鎮圧した。明治四年七月十五日、宗敬は廃藩置県によって藩知事の任を解かれた。

吉田九代藩主宗敬の藩主在任はわずか一年、藩知事としても二年間に過ぎないが、最後の藩主らしい激動の時代を過ごした。明治九年三月二十三日、宮内省に出仕したが、八月二十九日、二十五歳の若さで病没し、高輪東禅寺に葬られた。

夫の宗敬没後、於信様は桂林院、のち桂樹院と称したが、宗敬の死後三年目に発病し、明治十二年八月三十日、東京で病没した。吉田に生まれ、吉田で育った信姫は吉田藩最後の姫君である。訃報に接した吉田の旧臣たちは異常なまでに動揺し、その死を嘆き悲しんだ。宗敬と信姫との間には一男二女があった。明治三年に生まれた長男鶴若は、のちに吉田伊達家十代当主となり、伊達宗定と名乗った。明治十七年、子爵に列せられ、昭和十八年（一九四三）、七十四歳で死んだ。

楽堂こと宗孝は、華族令により明治四年七月六日、東京に移住した。この時、飯淵貞幹《さだもと》の進言により、宗孝は菩提寺の大乗寺に米五〇俵を寄進したが、これ以後、大乗寺への寄進は一切しなかった。これもまた、宗孝の好東厭西であろうか。明治六年八月、陣屋の土地建物一切が入札によって売却された（建坪九三九坪二合半、代金四六九円六二銭五厘。地坪四二二二坪、代金八二三円二九銭）。

宇和島で趣味の書三昧の生活をしていた伊達宗紀（春山）は、明治二十二年十一月二十五日、百歳で長逝した。明治二十四年四月二十三日、宗城の維新の勲功をもって伊達宗徳《むねえ》が侯爵に叙せられた。朝敵となった仙台伊達家は伯爵にとどまり、爵位では宇和島伊達家が仙台伊達家の上席に立った。伊達宗城は明治二十五年十二月二十日、七十四歳で病没した。墓は谷中霊園と宇和島の龍華山等覚寺にある。伊達宗孝は宮中に迎えられ、明治天皇の侍従となった。馬術が得意で、つねに天皇の陪乗《ばいじょう》を命じられたという。明治三十二年五月二十日、七十九歳で没し、従三位を贈られた。墓は東禅寺にある。

あとがき

東に仙台伊達家、西に宇和島伊達家。そして、宇和島伊達家の分家に三万石吉田伊達家がある。伊予吉田藩はいわば第三の伊達家である。

吉田三万石の成立に寛文事件（仙台伊達騒動）で悪名高い伊達兵部宗勝の関与があったかどうか？　諸事情により根本史料を探索することはできなかったが、筆者は「伊達兵部なくして吉田三万石は誕生しなかった」と確信している。伊達兵部が吉田藩の生みの親だとしたら、これは歴史のロマンにほかならない。

吉田藩には柳之間詰め大名家ならではの馥郁《ふくいく》たる歴史がある。勅使・院使の饗応役もその一つ。宇和島生まれ宇和島育ちの筆者にとって、「吉田藩」といえば、何といっても忠臣蔵である。小学生の頃、「浅野内匠頭は吉良上野介への賄賂を鰹節で済ませたが、吉田の殿様は莫大な賄賂を贈ったので、無事に大役を果たすことができた」と父から聞かされた。短気な殿様内匠頭は短慮暴発して吉良を斬った、斬られた吉良は領民に名君と慕われていた、なども……。爾来、浅野には批判的、吉良には同情的になってしまったが、本書はできるだけ元禄赤穂事件を客観視し、筆者なりの問題提起もした。

吉田藩の特異の最たるものは、八代藩主宗孝が宗藩の宇和島と逆行して佐幕に与したことである。藩庁文書が残っていないのも、宗孝の乱行と佐幕活動に起因する。大名家伝来品がほぼ皆無であるのも、吉田の菩提寺の墓所が旧態をとどめていないのも、遠因は宗孝であろう。しかし、筆者は宗孝という人に惹かれてならない。悪とは魅力の同義語であるから。

宇和島藩に比して吉田藩の通史は貧寒としているが、家中・町家の史料は豊富で、興味深いものが多い。史談会があり、史・資料を渉猟研究した郷土史家もいて、本書はそういった先学に多くを負っている。

余談だが、昭和の吉田伊達家について一言。——昭和二十年十二月、津島町岩松(現・宇和島市)に戦後疎開した文豪獅子文六に、自伝小説『娘と私』がある。作中、獅子文六こと岩田豊雄がフランス人妻との間にもうけた娘麻理(仮名)の結婚相手として、「鍋島」という外交官研修生が登場する。「鍋島」は仮名で、実は吉田伊達家の御曹司である。故人であるが、獅子文六の長女は伊達巴絵さんという。……こういうことを、吉田の人々はたぶん知らない。

ではあっても、三万石魂とでもいうか、吉田の人々が吉田を愛していることは宇和島の人々の比ではない。本書の図版や写真に関する旧吉田町職員の惜しみない協力一つをとってみても、吉田人の吉田好きを痛感する。吉田好き吉田人といえば、御掛屋佐川家の十六代佐川晃氏もその典型である。氏の協力なくして本書は成立しなかった。このことを特筆大書しておく。

校正が終りかけた頃、宇和島市立伊達博物館の学芸員山口美和氏から、宗孝の愛妾の不穏な挙動や毒殺疑惑に関する新情報が寄せられた。瞠目すべき内容で、大いに焦ったが、なんとか作中に紹介することができ、安堵している。

末尾になったが、仙台市博物館元館長の佐藤憲一先生には直接ご教示いただくことがあった。感謝にたえない。また、面識はないが、法華津屋三引後裔高月一氏には、この場を借りてお礼を申し上げる。

平成二十五年四月佳日

参考文献

「伊予吉田藩編年史料　藤蔓延年譜」（『藤蔓延年譜』刊行会）
「吉田町誌　上巻」（吉田町誌編纂委員会）
「吉田町の文化財」（吉田町教育委員会）
「三間町誌」（三間町）
「日吉村誌第二版」（日吉村誌編集委員会）
津村壽夫「宇和島吉田両藩騒動史」（愛媛魁評論社）
津村壽夫「宇和島藩経済史」（愛媛魁新聞社）
侯爵伊達家稿本「吉田江御分知行一件其他」「宮内様江御分知書類」
長谷川成一「支藩家臣団の成立をめぐる一考察　伊予吉田藩の研究」（吉川弘文館「日本歴史」昭和五十年八月）
籔田貫「横山桂子『露の朝顔』江戸の武家女性が見た大坂と上方」
芝正一「伊予吉田郷土史話集」（佐川印刷株式会社）
楠本長一「明治戊辰前後　吉田藩関係時局年表」（手書き資料）
「伊予吉田郷土史料集第二輯　伊尾喜家文書」（佐川印刷株式会社）
「伊予吉田郷土史料集第三輯　奥山甚太夫覚書之内　万治元年戌年御分人記
吉田御分知御諸事書抜」（佐川印刷株式会社）
「宇和島・吉田旧記　甲斐家文書」（佐川印刷株式会社）
「宇和島・吉田旧記　廣瀬家文書　付・宇城和歌御会」（佐川印刷株式会社）
「宇和島・吉田旧記　本間游清歌文集」（佐川印刷株式会社）
「宇和島・吉田旧記　北宇和郡町村誌」（佐川印刷株式会社）
「伊予吉田旧記　岡太仲旅中手控」（佐川印刷株式会社）
「伊予吉田旧記　岩城蟾居俳諧雑記」（佐川印刷株式会社）
「伊予吉田旧記　御掛屋佐川家文書略解」（佐川印刷株式会社）
「伊予吉田旧記　御巡見使御用諸事覚書　御丁頭所要手控」（佐川印刷株式会社）
「伊予吉田旧記　御巡見諸御用留牒」（佐川印刷株式会社）
「伊予吉田旧記　不正唐物御吟味手控日記」（佐川印刷株式会社）
「伊予吉田旧記　赤松家永代控」（佐川印刷株式会社）
「宇和島藩医学史」（宇和島市医師会医学史編集委員会）
谷有二「うわじま物語　大君の疑わしい友」（未來社）
谷有二「御旗本物語」（未來社）
佐藤憲一「素顔の伊達政宗　「筆まめ」戦国大名の生き様」（洋泉社）
海音寺潮五郎「列藩騒動録」（講談社文庫）
福田千鶴「御家騒動」（中公新書）
宮本春樹「帰村　武左ェ門一揆と泉貨紙」（佐川印刷株式会社）
五藤孝人『「世直し歌」の力　武左衛門一揆と「ちょんがり」』（現代書館）
玉井建三「江戸・東京のなかの伊予」（愛媛県文化振興財団）
「県史38愛媛県の歴史」（山川出版）
「街道の日本史46伊予松山と宇和島道」（吉川弘文館）
「宇和島伊達家伝来品図録」（宇和島市立伊達博物館）
「図録　政宗見参！　仙台藩伊達家と宇和島藩伊達家展」（宇和島市立伊達博物館）
「図録　海道をゆく　江戸時代の瀬戸内海」（愛媛県歴史文化博物館）

本文中に記述した史・資料で、ここに掲出していないものがある。元禄赤穂事件関連書籍は紙幅の都合により掲出しなかった。

協力者

公益財団法人宇和島伊達文化保存会／簡野道明記念吉田町図書館／高月一／佐川晃／山下英喜／河野哲夫／渡邉晃／愛媛県歴史文化博物館

宇神幸男（うがみ・ゆきお）
昭和二十七年（一九五二）愛媛県宇和島市生まれ。元宇和島市産業経済部長（本名・神應幸男）。
作家としては、『神宿る手』『ヴァルハラ城の悪魔』（講談社）、『水のゆくえ』（角川書店）などの小説がある。
前著に、シリーズ藩物語『宇和島藩』（現代書館）がある。

シリーズ藩《はん》物語《ものがたり》**伊《い》予《よ》吉《よし》田《だ》藩《はん》**

二〇一三年五月十日　第一版第一刷発行

著者――宇神幸男
発行者――菊地泰博
発行所――株式会社 現代書館
東京都千代田区飯田橋三―二―五　郵便番号 102-0072　http://www.gendaishokan.co.jp/
電話 03-3221-1321　FAX 03-3262-5906　振替 00120-3-83725
組版――デザイン・編集室 エディット
装丁――中山銀士＋杉山健慈
印刷――平河工業社（本文）東光印刷所（カバー・表紙・見返し・帯）
製本――越後堂製本
編集――二又和仁
編集協力――黒澤　務
校正協力――岩田純子

 ISBN978-4-7684-7132-6

江戸末期の各藩

松前、八戸、七戸、黒石、**弘前**、**盛岡**、**一関**、秋田、亀田、本荘、秋田新田、仙台、松山、**新庄**、**庄内**、天童、長瀞、**山形**、上山、**米沢**、米沢新田、相馬、福島、**二本松**、三春、**会津**、守山、棚倉、平、湯長谷、泉、**村上**、黒川、三日市、**新発田**、村松、三根山、与板、**長岡**、椎谷、**高田**、糸魚川、松岡、笠間、宍戸、**水戸**、下館、結城、**古河**、下妻、府中、土浦、麻生、谷田部、牛久、大田原、黒羽、烏山、喜連川、**宇都宮・高徳**、壬生、吹上、**足利**、佐野、関宿、高岡、佐倉、小見川、多古、一宮、生実、鶴牧、久留里、大多喜、請西、飯野、佐貫、勝山、館山、岩槻、忍、岡部、川越、沼田、前橋、伊勢崎、館林、高崎、吉井、小幡、安中、七日市、飯山、須坂、**松代**、**上田**、**小諸**、岩村田、田野口、**松本**、諏訪、**高遠**、飯田、金沢、荻野山中、小田原、沼津、小島、田中、掛川、相良、横須賀、浜松、富山、加賀、大聖寺、郡上、高富、苗木、岩村、加納、大垣、高須、今尾、犬山、挙母、岡崎、西大平、西尾、吉田、田原、大垣新田、尾張、刈谷、西端、長島、**桑名**、神戸、菰野、亀山、津、久居、鳥羽、宮川、彦根、大溝、山上、西大路、三上、膳所、水口、丸岡、勝山、大野、**福井**、鯖江、敦賀、小浜、淀、新宮、田辺、紀州、峯山、宮津、田辺、綾部、山家、園部、亀山、福知山、柳生、柳本、芝村、郡山、小泉、櫛羅、高取、高槻、麻田、丹南、狭山、岸和田、伯太、豊岡、出石、柏原、篠山、尼崎、三田、三草、明石、小野、姫路、林田、安志、龍野、山崎、三日月、赤穂、鳥取、若桜、鹿野、津山、勝山、新見、岡山、庭瀬、足守、岡田、岡山新田、浅尾、松山、鴨方、福山、広島、広島新田、高松、丸亀、多度津、西条、小松、今治、松山、新谷、大洲、**伊予吉田**、**宇和島**、徳島、**土佐**、土佐新田、**松江**、広瀬、母里、浜田、津和野、岩国、徳山、長州、長府、清末、小倉、小倉新田、福岡、秋月、**久留米**、柳河、三池、蓮池、唐津、**佐賀**、小城、鹿島、大村、島原、平戸、平戸新田、中津、杵築、日出、府内、臼杵、**佐伯**、森、**岡**、熊本、熊本新田、宇土、人吉、延岡、高鍋、佐土原、飫肥、薩摩、対馬、五島（各藩名は版籍奉還時を基準とし、藩主家名ではなく、地名で統一した）

★太字は既刊

シリーズ藩物語・別冊『それぞれの戊辰戦争』（佐藤竜一著、一六〇〇円＋税）